RÉPUBLIQUE FRANÇAISE.

MINISTÈRE DE LA GUERRE.

INSTRUCTION GÉNÉRALE

CONCERNANT

LES DÉSIGNATIONS INDIVIDUELLES ET COLLECTIVES

ET LA MISE EN ROUTE

DES MILITAIRES DES TROUPES MÉTROPOLITAINES

POUR LES THÉATRES D'OPÉRATIONS EXTÉRIEURS

CHARLES-LAVAUZELLE & Cie
Éditeurs militaires
PARIS, Boulevard Saint-Germain, 124
LIMOGES, 62, Avenue Baudin | 53, Rue Stanislas, NANCY

1926

RÉPUBLIQUE FRANÇAISE.

MINISTÈRE DE LA GUERRE.

État-Major de l'Armée; Bureau de l'Organisation et de la Mobilisation de l'Armée.

Instruction générale concernant les désignations individuelles et collectives et la mise en route des militaires des troupes métropolitaines pour les théâtres d'opérations extérieurs.

Paris, le 1er mai 1926.

La présente instruction qui entrera en vigueur à la date du 15 juin 1926, annule et remplace les instructions et circulaires suivantes :

N° 654-I/II du 17 janvier 1921;

N° 3500-I/II du 7 avril 1924;

N° 8410-I/II du 10 octobre 1924;

N° 9196-I/II du 28 octobre 1925;

et leurs rectificatifs ainsi que toutes dispositions contraires aux prescriptions qui suivent :

TITRE I.

Service sur les théâtres d'opérations extérieurs.

Durée réglementaire de séjour;
Liste de tour de départ.

Article 1er. Par théâtres d'opérations extérieurs, il y a lieu d'entendre :

Pour les militaires français des troupes métropolitaines :

Le Maroc;
Le Levant.

Pour les militaires indigènes nord-africains :

Les mêmes territoires, plus la métropole et les pays rhénans.

Le Maroc n'est pas considéré comme théâtre d'opérations extérieur pour les militaires indigènes marocains.

Article 2. Les militaires peuvent être envoyés sur les théâtres d'opérations extérieurs, soit :

Par désignation individuelle, destinée, en principe, à assurer la relève des militaires des troupes métropolitaines en service sur les théâtres d'opérations extérieurs;

Par désignation collective, par unités constituées, en vue d'assurer la relève des unités en service sur les théâtres d'opérations extérieurs ou le renforcement des troupes à la disposition des généraux commandant en chef sur ces territoires.

Article 3. La durée du séjour réglementaire pour les militaires désignés individuellement pour les théâtres d'opérations extérieurs est, en principe, de *deux ans*.

A la fin du séjour réglementaire, les militaires sont rapatriés dans le plus bref délai, compatible avec la situation du moment et les possibilités de transport.

Les militaires désignés pour la relève individuelle doivent être mis en route en temps voulu pour être rendus sur le théâtre d'opérations extérieur destinataire avant le départ des militaires qu'ils vont remplacer.

Article 4. Le séjour sur un théâtre d'opérations extérieur doit, en principe, être ininterrompu.

Il commence à la date du débarquement au port du théâtre d'opérations extérieur d'où le militaire rejoint son poste d'affectation et prend fin à la date de l'embarquement pour rentrer en France ou en Algérie-Tunisie.

Le temps passé en France ou en Algérie-Tunisie (traversées comprises) en permission exceptionnelle, à l'hôpital, en congé de convalescence, etc..., ne compte pas dans la durée du séjour.

Toutefois, le temps passé en France ou en Algérie-Tunisie, dans une formation sanitaire ou en congé de convalescence, par les militaires évacués d'un théâtre d'opérations extérieur, à la suite de blessure ou de maladie, contractée dans la zone des opérations déterminée par le Ministre, compte dans la durée de séjour des intéressés.

Article 5. Les militaires arrivés en fin de séjour peuvent, s'ils en font la demande, être autorisés par les généraux commandant en chef, à prolonger leur séjour sur le théâtre d'opérations extérieur où ils servent, pour une durée variable, n'excédant pas deux années et renouvelable au besoin.

Il est rendu compte immédiatement au Ministre (Direction d'Arme) de toutes les autorisations de prolongations de séjour ainsi accordées. — Les comptes rendus font connaître la nouvelle date de rapatriement des intéressés.

Le nouveau séjour doit succéder au premier sans interruption et les droits acquis en matière de permission ou de congé de fin de campagne pendant le premier séjour s'ajoutent aux droits acquis pendant le séjour supplémentaire et sont reportés à l'époque du rapatriement définitif.

Néanmoins, les militaires de carrière peuvent, s'ils ne l'ont déjà fait, prendre à leurs frais, en fin de premier séjour, la permission exceptionnelle de vingt jours, visée dans les circulaires n° 12882 I/II du 23 septembre 1920 et 267 I/II du 6 janvier 1921.

Article 6. En dehors du cas visé ci-dessus, les militaires qui, arrivés en fin de séjour, désireraient retourner sur le *même* théâtre d'opérations extérieur, après avoir bénéficié de leur permission exceptionnelle et congé de fin de campagne, peuvent y être autorisés, avant leur rapatriement, par les généraux commandant en chef.

Dans ce cas, le nouveau séjour est soumis aux mêmes règles de durée et de prolongation que le premier et ces militaires sont considérés comme faisant deux séjours successifs avec interruption.

Au cours de leur permission exceptionnelle et congé de fin de campagne entre deux séjours consécutifs, les militaires ont droit aux frais de déplacement prévus par le décret du 6 septembre 1922, à l'exclusion de toute autre indemnité.

Article 7. Les militaires qui obtiennent l'autorisation de prolonger leur séjour avec ou sans interruption, demeurent, au cours de leur permission ou congé, affectés au corps du théâtre d'opérations extérieur auquel ils appartiennent et n'y sont pas remplacés.

A l'issue de cette permission ou congé (exceptionnelle ou de fin de campagne), ils sont mis en route, s'ils sont officiers, dans les conditions prévues par la circulaire n° 14048 4/II du 16 octobre 1920; s'ils sont hommes de troupe, ils rejoignent le dépôt ou le centre de rassemblement des isolés correspondant au théâtre d'opérations extérieur en question.

Article 8. Dans le cas où il serait nécessaire, par suite d'excédent dans les effectifs, de renvoyer, par anticipation, d'un théâtre d'opérations extérieur sur la métropole, des militaires de carrière, leur désignation serait faite de la manière suivante : on devra rapatrier en premier lieu ceux qui se trouvent les plus rapprochés de leur date de fin de séjour, en suivant l'ordre normal des dates en question, que ces militaires aient ou non prolongé leur séjour.

Article 9. Les officiers promus au grade supérieur en cours de séjour sur un théâtre d'opérations extérieur y sont maintenus. Dans le cas où il se produirait un surnombre dans le grade en question, l'officier, dont la date de rapatriement se trouve la plus rapprochée, est désigné pour rentrer en France.

Si cet officier demande à être maintenu, l'officier marchant immédiatement après lui, d'après la date du rapatriement, est désigné pour être rapatrié, et, ainsi de suite, de façon que l'officier nouveau promu ne soit appelé à partir que si aucun des officiers de son nouveau grade, dont le rapatriement précède la sienne, ne désire être rapatrié.

Article 10. Les désignations individuelles pour l'envoi sur les théâtres d'opérations extérieurs sont faites, d'après le rang des intéressés, sur les listes de tour de départ établies suivant les règles indiquées au titre II.

Les désignations collectives sont faites suivant les règles indiquées au titre III.

Article 11. Les listes de tour de départ peuvent être utilisées :

1° Pour les désignations des officiers du service de santé destinés à servir :

En Algérie-Tunisie;

A l'armée française du Rhin et dans les troupes du territoire de la Sarre.

2° Le cas échéant, pour les désignations individuelles des militaires de tous grades et de tous emplois destinés à servir :

Aux colonies (dans les conditions fixées par la loi du 7 juillet 1900 et par la loi de recrutement en vigueur);

Dans les territoires du sud de l'Algérie-Tunisie;

Dans les formations stationnées dans certains territoires à désigner éventuellement par le Ministre.

TITRE II.

Désignations individuelles pour les théâtres d'opérations extérieurs.

CHAPITRE PREMIER.

DISPOSITIONS COMMUNES AUX OFFICIERS ET AUX MILITAIRES DE CARRIÈRE, SOUS-OFFICIERS ET HOMMES DE TROUPE.

Article 12. Le service sur les théâtres d'opérations extérieurs s'effectue, dans chaque arme ou service, par roulement, dans chaque grade, de tous les militaires de carrière (officiers, sous-officiers et militaires ayant accompli la durée légale de service, rengagés et commissionnés).

Article 13. Il est établi des listes de tour de départ, d'une part, pour les officiers et, d'autre part, pour les militaires de carrières, sous-officiers et hommes de troupe.

Article 14. Ne sont pas inscrits sur les listes de tour de départ :

a) Les militaires pères de quatre enfants vivants et plus;

b) Les élèves des écoles militaires (écoles de formation et écoles d'application faisant suite obligatoirement aux écoles de formation dans les armes où il en existe), ou civiles présentant le même caractère (écoles civiles de mécaniciens), pendant la durée des cours;

c) Les militaires accomplissant des stages de formation assimilés aux écoles d'application (notamment, stages à l'Ecole supérieure d'électricité et à l'Ecole supérieure d'aéronautique);

d) Les officiers admis à l'Ecole supérieure de guerre ou à l'Ecole supérieure de l'intendance, pendant la durée des cours et stages. Cette disposition ne fait pas obstacle à ce que certains d'entre eux accomplissent, s'ils sont volontaires, le stage qui suit la sortie de l'école sur un théâtre d'opérations extérieur;

e) Les militaires servant en Algérie-Tunisie, pendant toute la durée de leur séjour sur ces territoires;

f) Les militaires servant à l'armée du Rhin (éléments de renfort compris) ou dans les troupes de garnison de la Sarre ou de la tête du pont de Kehl, pendant les deux premières années de présence ininterrompue dans ces formations;

g) Les militaires en mission à l'étranger, pendant toute la durée de leur séjour hors de France.

Il n'y a interruption de présence qu'en cas de mutation entraînant un changement de résidence à destination d'un territoire autre que le territoire en cause ou comportant, pour les militaires qui s'y trouvent, des règles différentes au point de vue de l'envoi sur les théâtres d'opérations extérieurs. Par suite, l'envoi sur d'autres territoires pour les besoins de l'instruction (cadres d'instruction des recrues, cours d'instruction divers, etc.), l'envoi en convalescence et, d'une façon générale, les mutations n'ouvrent pas droit aux indemnités pour changement de résidence ne constituant pas interruption de présence pour l'application des prescriptions de la présente instruction.

Tous les militaires visés ci-dessus sont, lors de leur réinscription sur les listes de tour de départ, portés sur ces listes avec l'ancienneté qu'ils ont acquise au moment de cette réinscription.

Article 15. Dans chaque liste de tour de départ, les militaires de carrière sont groupés en diverses catégories :

Catégorie A. — Comprend les militaires considérés comme n'ayant pas accompli de séjour réglementaire sur un théâtre d'opérations extérieur.

Catégorie B. — Comprend les militaires considérés comme ayant accompli un séjour réglementaire sur un théâtre d'opérations extérieur.

Catégorie C. — Comprend les militaires considérés comme ayant accompli deux séjours sur un théâtre d'opérations extérieur.

Dans chacune de ces catégories, l'inscription a lieu dans l'ordre inverse de l'ancienneté dans le grade.

Article 16. Sont considérés comme ayant accompli un séjour réglementaire sur un théâtre d'opérations extérieur :

1° Les militaires qui, depuis le 11 novembre 1918 (date de l'armistice sur le front français), ont accompli un séjour complet sur un théâtre d'opérations extérieur (1) ou aux colonies, ou qui ont servi pendant deux années consécutives dans les territoires du sud de l'Algérie-Tunisie, ou bien qui, en cas de séjour incomplet sur ces territoires, ont été rapatriés pour raisons de santé ou de service, après avoir accompli un séjour égal ou supérieur aux deux tiers du séjour réglementaire, ou ont été évacués à la suite de blessures reçues au cours d'opérations de guerre;

2° Les militaires français qui, depuis le 11 novembre 1918, ont accompli six années de séjour consécutives en Algérie-Tunisie, à l'exclusion des personnels militaires du service pénitentiaire (officiers d'administration et sous-officiers;

3° A leur retour en France, les militaires désignés avant le 15 avril 1924 pour faire partie des missions envoyées dans les pays ci-après, sous réserve qu'ils y ont accompli un séjour complet : territoires hors d'Europe (Amérique du Nord exceptée), Finlande, Pays-Baltes, Prusse Orientale, Haute-Silésie, Pologne, Roumanie, Turquie, Caucase, Russie et Tchéco-Slovaquie (en ce qui concerne seulement les territoires des 8e, 9e, 10e, 11e et 12e divisions tchéco-slovaques);

4° Les personnels militaires du service de santé qui, antérieurement au 2 août 1914, ont été employés d'office pendant une durée minimum de quatre années en Algérie-Tunisie, par application des prescriptions du décret du 6 mars 1879, ou pendant deux années au Maroc.

Les cas des militaires ayant, *avant la guerre*, accompli un séjour complet dans les territoires visés au paragraphe 1er, ou passé six ans consécutifs en Algérie-Tunisie, ou dont le séjour de six années consécutives en Algérie-Tunisie a été simplement interrompu par la guerre, est à soumettre au Ministre (Directions d'Arme).

---

(1) La durée du séjour réglementaire au Levant, antérieurement au 1er août 1923, était de dix-huit mois. La durée du séjour réglementaire au corps d'occupation de Constantinople était de deux ans.

En ce qui concerne les militaires visés au paragraphe 2 :

a) Les séjours successifs, en cas de relève collective, sont additionnés et donnent droit à inscription dans la catégorie B lorsque le total atteint six années.

b) Tout séjour accompli par les intéressés sur un théâtre d'opérations extérieur ou dans les territoires du sud de l'Algérie-Tunisie *avec leur unité*, pour une durée limitée, sera compté pour le double de sa durée effective dans le calcul des six années consécutives.

c) Les officiers et militaires de carrière promus au grade supérieur au cours de leur séjour en Algérie-Tunisie, y sont maintenus en principe, et sauf demande contraire de leur part, afin de pouvoir achever dans ces régions six années consécutives de séjour.

Dans les cas où il se produirait un surnombre dans le grade en question, l'officier dont la durée de séjour en Algérie-Tunisie se rapprocherait le plus de six années, serait désigné pour rentrer en France et serait alors considéré comme ayant accompli six années complètes en Algérie-Tunisie, si ce dernier demandait à être maintenu en Algérie-Tunisie, l'officier marchant immédiatement après lui, d'après la durée du séjour, serait alors désigné.

Article 17. Les officiers et militaires de carrière à envoyer sur un théâtre d'opérations extérieur sont désignés au fur et à mesure des besoins, en prenant d'abord les volontaires pour ledit théâtre d'opérations extérieur.

A défaut de volontaires, les désignations sont faites suivant l'ordre des listes de tour de départ, catégorie A, puis catégorie B et, éventuellement, catégorie C. Tout militaire de carrière désigné pour un théâtre d'opérations extérieur d'après les listes de tour de départ, dès lors qu'il se trouve susceptible au moment de sa désignation, d'y accomplir entièrement le temps de séjour réglementaire, doit être mis en route pour ce théâtre d'opérations extérieur, quelle que soit la durée des retards apportés, par la suite, à son embarquement, même s'il ne lui reste plus alors à accomplir, avant sa libération, le temps de service nécessaire pour faire sur ce théâtre d'opérations extérieur un séjour réglementaire complet.

Les demandes des volontaires doivent être établies par écrit et peuvent être formulées à toute époque. Elles sont centralisées et transmises conformément aux instructions données à ce sujet pour chaque arme ou service, sous le timbre de la Direction intéressée.

Ne doivent être considérés comme volontaires que les militaires dont le nom ne figure pas sur l'extrait de liste, publié au *Journal officiel*, en ce qui concerne les officiers, ou communiqué à la troupe, en ce qui concerne les militaires de carrière, sous-officiers et hommes de troupe, dans les conditions prévues aux chapitres II et III ci-après.

Article 18. A titre exceptionnel et à défaut de volontaires, des militaires peuvent être désignés avant leur tour normal pour occuper des fonctions exigeant certaines aptitudes spéciales telles que : emplois de comptables, service des renseignements, emplois de techniciens spécialistes, missions diverses, etc.

Article 19. Tout chef de corps ou de service doit faire visiter d'office par le médecin-chef du corps ou par un médecin désigné par le commandant d'arme de leur garnison ou de la garnison la plus rapprochée de leur résidence, les officiers portés sur les listes de tour de départ parues au *Journal officiel*, dès la publication de ces listes, et, d'autre part, les militaires de carrière, sous-officiers et hommes de troupe, figurant en tête des listes de tour de départ.

Les militaires qui, à la suite de cette visite, ne seraient pas jugés en état de partir immédiatement sur les théâtres d'opérations extérieurs, sont présentés suivant le cas à la contre-visite, et à la commission de réforme, conformément aux instructions de détail données sous le timbre de la Direction du service de santé.

Les autorités médicales et les commissions de réforme n'ont que la faculté de proposer et non de statuer.

La décision concernant le principe du ou des sursis et la durée de ceux-ci appartient au Ministre (Direction d'arme ou de service) tant pour les officiers que pour les militaires de carrière non officiers, dont les listes de tour de départ sont tenues à l'Administration centrale. Elle appartient au général commandant la région pour tous les autres militaires de carrière.

Article 20. Hors le cas de raison de santé prévu à l'article précédent, il ne peut être accordé de sursis de départ pour un théâtre d'opérations extérieur que dans les cas énumérés ci-après :

1° Lorsque le maintien dans son emploi du militaire de carrière en cause apparaît comme absolument indispensable jusqu'à ce que son remplacement soit assuré sans nuire aux intérêts du service. La durée de ce sursis ou des sursis successifs ne pourra, dans aucun cas, excéder six mois.

Les professeurs et instructeurs dans les écoles militaires ou Centres d'instruction permanents bénéficient d'un sursis de départ dans les conditions indiquées ci-dessus.

2° A titre tout à fait exceptionnel, pour raisons de famille (mariage, décès de parents au premier ou deuxième degré, etc.). Les sursis successifs ainsi accordés ne peuvent, en principe. excéder au total une durée de six mois.

3° En ce qui concerne les militaires appartenant aux catégories *f* et *g*, énumérées à l'article 14, lorsque les intéressés viendraient à être désignés pour un théâtre d'opérations extérieur *immédiatement* après leur réinscription sur les listes de tour de départ.

La durée normale des sursis est alors de :

Six mois, s'il s'agit de militaires rentrant de mission à l'étranger.

Trois mois, s'il s'agit de militaires rentrant de l'armée du Rhin, de la Sarre ou de la tête du pont de Kehl.

4° Les élèves des écoles d'application autres que celles visées à l'article 14 et des écoles assimilées :

Ecole spérieure d'optique, école de chimie, écoles électrotechniques, Conservatoire des arts et métiers, bénéficient d'un sursis jusqu'à la fin des cours.

5° Les médecins et pharmaciens, professeurs agrégés au Val-de-Grâce, bénéficient d'un sursis de départ prolongé pendant la durée de leur enseignement (décrets du 12 octobre 1919 et du 16 février 1920).

Article 21. Les militaires rentrés d'un théâtre d'opérations extérieur ou d'Algérie-Tunisie, ne sont portés sur les listes de tour de départ, qu'après un délai de six mois, s'ils doivent être inscrits dans la catégorie A, et d'un an, s'ils doivent être inscrits dans la catégorie B. En cas de séjour supérieur à la durée reglementaire, ce délai est majoré proportionnellement à la durée supplémentaire du séjour accompli. Toutefois, le délai d un an indiqué ci-dessus pourra être réduit à six mois, lorsque les besoins de la relève rendront cette mesure absolument nécessaire.

Pour les militaires qui auront, au moment de leur désignation pour un théâtre d'opérations extérieur ou l'Algérie-Tunisie, bénéficié d'un sursis de départ, le commencement du délai sus-indiqué sera reporté à une date antérieure déterminée par la durée du sursis obtenu.

Article 22. Tous les militaires inscrits sur les listes de tour de départ, et auxquels un ou des sursis auraient pu être accordés, continuent à figurer, pour ordre, sur les listes de tour de départ, pendant toute la durée de ces sursis avec l'indication du numéro de l'article de la circulaire, dont il leur a été fait application.

Ceux d'entre ces militaires qui, en raison de leur place normale sur les listes auraient été effectivement mis en route devront à l'expiration de leur sursis figurer en tête de la liste de tour de départ, et y être maintenus jusqu'à leur désignation pour un théâtre d'opérations extérieur.

Les autres suivront le sort commun des militaires figurant sur les listes et n'ayant pas fait l'objet d'une désignation.

Article 23. Il est fait mention très exactement sur le feuillet du personnel des officiers ou sur le carnet des notes des sous-officiers, des sursis de départ pour les théâtres d'opérations extérieurs, ainsi que des réductions de séjour qu'ils ont obtenues, à quelques titres que ce soit, avec indication des motifs et de l'article de la circulaire dont il leur a été fait application.

Les officiers dont les sursis de départ consécutifs accordés pour raison de santé, atteindraient un total supérieur à deux années, seront signalés au Ministre (Direction d'arme) qui examinera les mesures à prendre à leur égard conformément aux lois et règlements en vigueur.

Les dispositions du dernier alinéa ci-dessus seront appliquées aux hommes de troupe de carrière se trouvant dans les mêmes conditions.

CHAPITRE II.

DISPOSITIONS PARTICULIÈRES AUX OFFICIERS.

Article 24. Les listes de tour de départ des officiers sont dressées par arme ou service et, dans chaque arme ou service pour chacune des subdivisions d'arme ou de service spécialisées.

Les listes sont établies et tenues à jour à l'administration centrale du ministère de la guerre (Direction d'arme ou de service intéressée).

La Direction d'arme ou de service fixe, s'il y a lieu, la liste des spécialistes. Dans ce cas, les officiers sont classés dans la liste de la spécialité au titre de laquelle ils servent dans le moment.

Article 25. Chaque liste est établie par grade.

Le tour de départ sur les théâtres d'opérations extérieurs n'existe pas pour les officiers généraux, les colonels, les lieutenants-colonels, chefs de corps, dont les désignations sont faites au mieux des intérêts du service par le Ministre de la guerre.

Les conditions dans lesquelles ces dispositions sont appliquées aux officiers et fonctionnaires des services assimilés aux grades visés ci-dessus, sont indiquées sous le timbre des Directions intéressées.

Les listes peuvent être communes pour les vétérinaires-majors de 2e classe et les vétérinaires aides-majors et les officiers d'administration de plusieurs grades.

Les officiers possesseurs d'un grade à titre temporaire sont classés sur des listes particulières; ils concourent dans ce grade avec les officiers à titre définitif, le nombre des officiers à titre temporaire à désigner est, en principe, proportionnel à leur effectif dans chaque grade.

Pour un premier départ de lieutenants prenant rang à la même date, les Directions d'arme ou de service sont qualifiées pour fixer la proportion à désigner pour les théâtres d'opérations extérieurs en tenant compte de l'origine de ces officiers.

Article 26. Les officiers détachés dans les services de la guerre ou dans les départements ministériels autres que la guerre sont compris sur les listes de tour de départ de leur arme ou service d'origine.

Toutefois, ceux qui sont détachés dans les formations de chars de combat, dans le train automobile, dans le service de recrutement (y compris les officiers détachés dans les sections spéciales de recrutement indigène), au service géographique (à l'exception de ceux qui y sont détachés à titre temporaire et spécial), au service de la justice militaire (en ce qui concerne les commissaires du gouvernement, et les rapporteurs ainsi que les officiers employés dans les établissements pénitentiaires militaires), dans le service de la météorologie militaire, ainsi que les officiers des différentes armes pourvus d'un grade à titre temporaire dans le corps des fonctionnaires de l'intendance, sont inscrits sur des listes de tour de départ spéciales tenues par les organes de direction de ces subdivisions d'armes ou de service.

Article 27. Les officiers brevetés d'état-major sont portés sur les listes de tour de départ du service d'état-major, tenues sans distinction d'arme, par l'état-major de l'armée (section du personnel du service d'état-major).

Les officiers non brevetés employés dans le service d'état-major sont portés sur les listes de tour de départ de leur arme.

Article 28. Le classement dans la catégorie A des officiers à titre temporaire s'opère de la façon suivante :

Les officiers à titre temporaire, possesseurs d'un grade d'officier à titre définitif, sont classés entre eux dans l'ordre de leur ancienneté dans le grade à titre définitif en commençant par le moins ancien.

Les officiers à titre temporaire qui ne possèdent aucun grade d'officier à titre définitif sont classés entre eux d'après la date de leur nomination au dernier grade à titre temporaire, en commençant par ceux qui ont été nommés le plus récemment.

Article 29. Sont classés dans la catégorie B :

1° Les officiers détachés à titre temporaire et spécial au service géographique de l'armée et les officiers de l'inspection technique de l'aéronautique (section de l'inspection du matériel) dont les séjours successifs sur les théâtres d'opérations extérieurs ou dans les territoires du sud atteignent au total une durée égale au séjour réglementaire sur un théâtre d'opérations extérieur, à condition toutefois que, d'une part, l'interruption entre deux séjours consécutifs ne dépasse pas douze mois, et d'autre part, que chacun des séjours effectués de la date de débarquement sur le théâtre d'opérations extérieur jusqu'à celle de l'embarquement pour le retour ou du départ au retour dans les garnisons d'Algérie, Tunisie, soit de quatre mois au minimum.

2° Les officiers, membres de la commission militaire interalliée de contrôle, qui ont accompli, sans interruption autre que les permissions de droit, un séjour minimum de deux ans en Allemagne.

Cette mesure ne s'applique qu'aux officiers présents à la

mission à la date du 20 mai 1925 ou qui auraient été désignés ultérieurement.

Article 30. L'état nominatif des officiers figurant en tête des listes de tour de départ et susceptibles d'être envoyés sur les théâtres d'opérations extérieurs dans un délai de trois mois est publié au *Journal officiel*, le premier de chaque mois par les soins de l'organe chargé de la tenue des listes.

En cas de besoin, des listes supplémentaires peuvent être publiées dans le courant du mois.

Ces officiers peuvent faire connaître, par la voie hiérarchique au Ministre, sous le timbre de leur Direction d'arme, les désignations qu'ils sollicitent, par ordre de préférence.

Les officiers, figurant sur les listes, qui auraient à faire valoir un motif d'exclusion, sont tenus de faire régler leur situation immédiatement après leur inscription au *Journal officiel*. Après un délai de dix jours, aucune demande d'exclusion ne sera admise, sauf cas de force majeure.

Article 31. Les chefs de corps ou de service adressent au Ministre (Direction d'arme ou de service) dès la publication des listes, les demandes motivées de maintien temporaire concernant les officiers sous leurs ordres.

Article 32. Les affectations à un théâtre d'opérations extérieur des officiers figurant sur les listes parues au *Journal officiel* peuvent être prononcées dix jours après la publication de ces listes.

Article 33. Tout officier figurant sur l'extrait de liste publié au *Journal officiel* et que son rang appellerait à être désigné, doit, s'il obtient un congé de longue durée (d'une durée égale ou supérieure à trois mois) continuer à figurer sur les listes de tour de départ, pendant toute la durée de ce congé avec l'indication du numéro de l'article de la présente instruction dont il lui a été fait application.

S'il reprend du service à l'expiration de ce congé il devra obligatoirement être inscrit en tête de l'extrait de la liste de tour de départ publiée au *Journal officiel*, le premier du mois qui suit la date de sa rentrée à son corps ou service.

Cette disposition ne concerne que les officiers qui auraient été effectivement désignés s'ils n'avaient pas bénéficié d'un congé.

Cette prescription doit être mentionnée sur le titre de congé remis aux intéressés.

Article 34. Sont dispensés de l'envoi sur les théâtres d'opérations extérieurs et comme tels ne doivent pas figurer sur les listes de tour de départ :

1° Les officiers ayant moins de deux ans de service à accomplir avant d'être atteints par la limite d'âge de leur grade (ou du grade supérieur s'ils figurent au tableau d'avancement).

2° Les officiers ayant, au plus, deux ans à accomplir pour réunir les années de service exigées par la loi ouvrant droit à la pension de retraite de leur grade au titre ancienneté de service, qui adressent au Ministre une demande par laquelle ils sollicitent la liquidation de leur pension de retraite à compter du jour où ils atteindront trente ans de services (ou vingt-cinq ans de services, dont six ans passés hors d'Europe).

3° Les officiers du cadre latéral ayant plus de douze ans de service.

CHAPITRE III.

DISPOSITIONS PARTICULIÈRES AUX MILITAIRES DE CARRIÈRE, SOUS-OFFICIERS ET HOMMES DE TROUPE.

Article 35. L'établissement et la tenue à jour des listes de tour de départ des militaires de carrière, sous-officiers et hommes de troupe se font dans les conditions qui sont indiquées sous le timbre des Directions d'arme ou de service.

Article 36. Les catégories de spécialistes ci-dessous figurent sur des listes particulières tenues sous le timbre des organes indiqués ci-après :

1° Adjudants-chefs et adjudants maîtres armuriers et gradés armuriers brevetés : sur liste tenue par la Direction de l'artillerie.

2° Maîtres ouvriers tailleurs, cordonniers, bottiers et selliers : sur liste tenue par la Direction de l'intendance.

3° Maîtres maréchaux ferrants : sur listes tenues dans les conditions prescrites par la Direction de la cavalerie.

Les ouvriers ou employés spéciaux n'appartenant pas aux catégories visées aux paragraphes précédents, sont inscrits sur les listes spéciales tenues dans les conditions fixées par les Directions d'arme ou de service qui administrent les corps d'affectation de ces militaires.

Article 37. Les militaires de carrière détachés temporaires ou permanents de leurs corps d'affectation sont compris sur la liste de tour de départ de ce corps.

Les sous-officiers classés pour l'emploi de commis-greffiers des tribunaux militaires à la suite du concours, sont portés sur des listes de tour de départ tenues par la Direction du contentieux et de la justice militaire.

Les sous-officiers détachés dans les sections spéciales de recrutement indigène sont inscrits sur les listes du corps autonome des sous-officiers d'état-major et du recrutement.

Article 38. Des instructions données sous le timbre des Directions d'arme ou de service intéressées fixent :

1° Les conditions dans lesquelles l'état nominatif des militaires de carrière, sous-officiers et hommes de troupes susceptibles d'être envoyés sur les théâtres d'opérations extérieurs est porté à la connaissance des intéressés.

2° La procédure à suivre relativement aux demandes de maintien temporaire, concernant ces militaires.

Article 39. Sont dispensés de l'envoi sur les théâtres d'opérations extérieurs les militaires rengagés ou commissionnés ayant moins de deux ans de service à accomplir avant d'avoir droit à une pension proportionnelle, qui s'engagent à demander cette pension et leur radiation des contrôles dans le délai susindiqué.

Ceux qui refusent de prendre l'engagement susvisé sont obligatoirement désignés pour les théâtres d'opérations extérieurs lorsque leur rang sur les listes de tour de départ les appelle à partir. Dans le cas où il leur resterait alors moins d'un an de service à accomplir au moment de leur désignation, leur cas serait soumis au Ministre (Direction d'arme).

Article 40. Tous les militaires engagés ou rengagés ayant moins de treize ans de service doivent figurer sur les listes de tour de départ.

Lorsque leur rang sur les listes les appelle à être désignés, ils contractent avant leur départ un rengagement leur permettant d'accomplir un séjour de la durée réglementaire sur les théâtres d'opérations extérieurs.

En cas de refus, ils sont néanmoins mis en route s'il leur reste à ce moment, au moins *un an de service à accomplir* avant la fin de leur contrat, à l'expiration duquel ils sont libérés sans bénéficier des avantages réservés aux militaires ayant accompli un séjour réglementaire.

Ils pourront également en cas de nécessité absolue et par décision du Ministre (Direction d'arme) être envoyés sur un théâtre d'opérations extérieur, pour un séjour d'une durée inférieure à un an sous réserve que le temps de service auquel ils restent tenus par leur contrat en cours leur permette d'accomplir *un séjour d'au moins six mois* au moment de leur désignation.

Les militaires qui n'auraient pas accompli un séjour réglementaire sur un théâtre d'opérations extérieur par suite de refus, lors de leur désignation, de contracter le rengagement susvisé, devront, s'ils sont admis ultérieurement à signer de nouveaux contrats, être inscrits aussitôt en tête de la liste de tour de départ et continuer à y figurer jusqu'à leur envoi sur un de ces territoires pour y accomplir un séjour dans les conditions fixées ci-dessus.

Une mention spéciale sera portée à cet effet sur les pièces matricules des militaires en cause.

Les militaires envoyés sur un théâtre d'opérations extérieur pour y accomplir un séjour d'une durée inférieure à deux années, pourront avant l'expiration de leur contrat en cours contracter au titre d'un corps de ce territoire un rengagement d'une durée telle qu'elle leur permette de parfaire le séjour réglementaire.

Article 41. Les militaires commissionnés figurant sur les listes de tour de départ, mais ne doivent être envoyés sur les théâtres l'opérations extérieurs, lorsque leur rang les appelle à partir, que s'il leur reste à ce moment plus d'un an de service à accomplir avant le terme fixé pour leur radiation des contrôles, conformément à la loi de recrutement, ou pour le terme de leur commission, sinon leur cas doit être soumis au Ministre (Direction d'arme).

Ceux de ces militaires qui, au moment où leur rang sur les listes les appellerait à être désignés, offriraient leur démission devront, s'ils sont admis ultérieurement à reprendre du service, être inscrits aussitôt en tête de la liste de tour de départ pour les théâtres d'operations extérieurs et continuer à figurer en tête de cette liste jusqu'à leur envoi sur un de ces territoires. Mention spéciale en sera faite sur leurs pièces matricules.

Ceux qui demanderaient à démissionner après leur arrivée sur les théâtres d'opérations extérieurs et avant d'avoir accompli sur ces territoires le temps de séjour réglementaire devront être prévenus qu'ils seront rapatriés à leurs frais. En outre, s'ils obtiennent une nouvelle commission, ils devront être immédiatement inscrits en tête de la liste de tour de départ pour les théâtres d'opérations extérieurs et être maintenus en tête de cette liste jusqu'à leur envoi sur un de ces territoires. Une mention spéciale sera de même portée à cet effet sur leurs pièces matricules.

Article 42. Les militaires commissionnés dont la commission comporte *obligatoirement* le service au titre d'un emploi spécial à savoir :

a) Militaires servant au delà de vingt-cinq ans de service.

b) Militaires commissionnés après une interruption de service.

c) Militaires ayant un « traité déterminé » maîtres-ouvriers, etc. (Circulaire n° 5831 1/11 du 17 juillet 1925), ne peuvent être envoyés sur un théâtre d'opérations extérieur que pour y remplir le même emploi, et sur demande de renfort en personnel de la catégorie.

A leur retour en France ou en Algérie-Tunisie, et en attendant qu'ils soient pourvus du même emploi, ils concourent au service général, mais ils sont autorisés à demander à reprendre une commission au titre de l'emploi en cause, en possession duquel ils doivent être mis aussi rapidement que possible.

Les militaires rengagés occupant un emploi spécial et devant à l'expiration de leur contrat en cours, recevoir une commission comportant *obligatoirement* le service au titre de cet emploi (circulaire n° 0232 2/1 du 25 mai 1923, mesures transitoires) bénéficient des mêmes dispositions.

Article 43. Les militaires, titulaires d'une commission de trois ans non renouvelable, candidats à un emploi réservé, sont soumis aux mêmes règles que les militaires commissionnés.

Ceux d'entre eux, qui au cours de leur séjour sur un théâtre d'opérations extérieur, viendraient à être pourvus d'un emploi réservé seront rapatriés aussitôt.

Les militaires, titulaires d'une commission de trois ans, non renouvelable, classés pour un emploi réservé, sont dispensés de l'envoi sur un théâtre d'opérations extérieur.

Ceux d'entre eux qui renonceraient à leur emploi seraient réinscrits sur les listes de tour de départ au rang qu'ils occupaient au moment de leur classement.

Article 44. Les militaires de carrière provenant d'une autre arme, bénéficient pour l'inscription sur les listes de tour de départ de leur nouvelle arme d'un délai maximum de six mois, à dater de leur arrivée dans cette arme.

Article 45. Les militaires de carrière condamnés avec sursis ou bénéficiaires de la suspension pour l'exécution du jugement de condamnation, par application des dispositions de l'article 130 du Code de justice militaire pour des crimes ou délits dont ils se sont rendus coupables pendant la durée de leur service militaire, ou élargis après l'expiration de leur peine, doivent être envoyés sur les théâtres d'opérations extérieurs, aussi rapidement que possible, sans considération de tour de départ (cette mesure ne s'applique pas aux amnistiés ni aux hommes ayant subi la dégradation militaire, ces derniers étant exclus de l'armée).

Toutefois, les militaires en cause ne seront mis en route qu'en exécution d'ordres donnés par le Ministre sous le timbre de la Direction d'arme intéressée.

En conséquence, des listes nominatives faisant ressortir les noms, prénoms, classe, âge, corps d'affectation, date de la libération des militaires de cette catégorie, ainsi que le titre auquel ils figurent sur la liste seront adressées au Ministre par les généraux commandant les régions pour le premier de chaque mois sous le timbre des Directions d'armes ou de service intéressées.

Toutefois, ne devront pas être portés sur ces listes :

a) Les militaires n'ayant pas l'aptitude physique requise pour servir sur les théâtres d'opérations extérieurs.

b) Les militaires ayant moins de six mois de service à accomplir avant leur libération.

c) Les militaires à envoyer aux bataillons d'infanterie légère d'Afrique.

d) Les individus exclus de l'armée qui doivent toujours compléter leur temps de service dans une section d'exclus.

Les dispositions de l'article 3 concernant la durée du séjour sur les théâtres d'opérations extérieurs sont applicables aux militaires de carrière visés ci-dessus.

Article 46. Les militaires de carrière volontaires pour servir sur les théâtres d'opérations extérieurs peuvent être désignés pour ces territoires, à la condition qu'ils aient encore au moins une année de service à accomplir.

Il est fait application à ces militaires des dispositions prévues à l'article 40.

CHAPITRE IV.

DISPOSITIONS PARTICULIÈRES AUX MILITAIRES APPELÉS.

Article 47. Les militaires appelés, non engagés, faisant partie d'un demi-contingent, ainsi que les jeunes gens rejoignant leur corps dans la période de trente jours qui suit celle de l'incorporation de ce demi-contingent, peuvent être dirigés sur les théâtres d'opérations extérieurs à partir du quatrième mois de leur incorporation. En conséquence, ils sont inscrits sur des listes de tour de départ qui doivent être arrêtées dès le début du troisième mois suivant la date de l'incorporation de chaque demi-contingent.

Les militaires appelés, non engagés, incorporés en dehors de la période de trente jours prévue ci-dessus, peuvent être désignés, pour être envoyés sur les théâtres d'opérations extérieurs lorsqu'ils ont trois mois de service.

Les militaires appelés, non engagés, ne doivent plus normalement, être *embarqués* à destination d'un théâtre d'opérations extérieur à partir du sixième mois qui précède la date légale de leur libération.

Article 48. En vue des désignations à faire pour les théâtres d'opérations extérieurs, il est établi pour chaque arme et subdivision d'arme spécialisée et pour chaque service, et s'il y a lieu, par spécialité, des listes de tour de départ individuel des hommes de troupes appelés sous les drapeaux et servant sur le territoire de la métropole, ainsi qu'en Algérie-Tunisie (territoires du Sud exceptés).

Les listes sont distinctes par demi-contingent d'incorporation et, dans chaque demi-contingent par catégorie : service armé et service auxiliaire.

Article 49. L'établissement et la tenue à jour des listes se font dans les conditions indiquées sous le timbre des Directions d'arme et de service.

Les noms des militaires figurant en tête de liste et susceptibles d'être désignés dans un délai de trois mois sont portés à la connaissance de la troupe.

Article 50. Les hommes de troupe détachés à titre temporaire ou permanent de leur corps d'affectation sont compris sur les listes de tour de départ de ce corps.

Article 51. Les militaires du contingent sont répartis en :

Disponibles pour le service sur les théâtres d'opérations extérieurs;

Exemptés de ce service.

Article 52. *Disponibles.* — Les disponibles se subdivisent en deux catégories :

D 1. — Disponibles sans restriction.

D 2. — Disponibles sous réserve.

Catégorie D 1. — Cette catégorie comprend :

1° Les jeunes gens volontaires pour servir sur les théâtres d'opérations extérieurs, quelle que soit par ailleurs leur situation militaire ou de famille, ces militaires étant classés entre eux d'après les dates d'établissement de leurs demandes;

2° Les hommes de troupe du demi-contingent accomplissent dix-huit mois de service actif, à l'exception des militaires classés dans les catégories D 2, E 1, E 2 énumérées plus loin.

Ces militaires sont classés en commençant par la lettre qui a été déterminée par voie de tirage au sort pour l'incorporation de la fraction du contingent à laquelle appartient l'intéressé (décret du 16 septembre 1925); dans l'ordre des lettres de l'alphabet *et pour chaque lettre* dans l'ordre suivant :

a) Jeunes gens appartenant à des familles de moins de trois enfants (1) classés entre eux d'après l'ordre alphabétique;

b) Jeunes gens appartenant à des familles de trois enfants et plus, classés d'après le nombre de leurs frères et sœurs vivants ou morts pour la France, ceux qui en ont le moins étant inscrits les premiers. A égalité de situation de famille, le classement sur la liste aura lieu d'après l'ordre alphabétique.

En cas d'homonymie, les jeunes gens de la catégorie D 1 seront classés dans chacun de leurs groupements d'après leur âge, les plus jeunes les premiers.

Catégorie D 2. — Figurent dans cette catégorie, à moins qu'ils

---

(1) Il reste entendu que, dans le dénombrement des enfants, on tient compte de ceux qui sont morts pour la France (garçons et filles).

n'aient demandé à servir volontairement sur les théâtres d'opérations extérieurs :

1° Les titulaires du brevet de préparation militaire élémentaire, visés par le décret du 12 janvier 1923, et les engagés par devancement d'appel, titulaires de ce brevet, figurant dans le premier dixième d'une liste comprenant les titulaires du brevet de préparation militaire élémentaire du demi-contingent (appelés et engagés par devancement d'appel suivant le sort du demi-contingent) classés par ordre de mérite;

2° Les fils aînés de veuves, non soutiens indispensables de famille;

3° Les jeunes gens qui sont astreints, par application de la loi de recrutement du 1er avril 1923 et de la loi du 24 avril 1925 à moins de dix-huit mois de service actif.

Dans chacun des groupements ci-dessus visés, le classement a lieu dans les conditions fixées pour les militaires de la catégorie D 1.

Article 53. *Exemptés.* — Les exemptés se subdivisent en deux catégories :

E 1. — Exemptés sous réserve.

E 2. — Exemptés sans restrictions.

Catégorie E 1. — Figurent dans cette catégorie, à moins qu'ils n'aient demandé à servir sur les théâtres d'opérations extérieurs :

1° Les jeunes gens appartenant aux familles qui ont déjà eu un fils tué sous les drapeaux au cours d'opérations;

2° Les aînés d'orphelins de père et de mère;

3° Les fils aînés de veuves déclarés, avant leur incorporation, soutiens indispensables de famille.

Dans chacun des groupements ci-dessus visés, le classement a lieu dans les conditions fixées pour les militaires de la catégorie D 1.

Catégorie E 2. — Figurent dans cette catégorie, à moins qu'ils n'aient demandé à servir volontairement sur les théâtres d'opérations extérieurs;

1° Les jeunes gens mariés avec ou sans enfants, ou veufs avec enfants, ou non mariés avec enfants reconnus;

2° Les jeunes gens appartenant aux familles qui ont eu deux fils tués sous les drapeaux, au cours d'opérations;

3° Les jeunes gens dont un frère sert sur un théâtre d'opérations extérieur en qualité, soit d'appelé, soit d'engagé par devancement d'appel;

4° Les jeunes gens résidant à l'étranger;

5° Les jeunes gens dont le père a été déclaré « mort pour la France » dans les conditions de la loi du 2 juillet 1915 modifiée par la loi du 28 février 1922 (*Bulletin officiel, Recueil des lois n°* 4, page 842).

Les dispositions des paragraphes 2° et 5° ci-dessus sont applicables aux jeunes gens des contingents alsacien et lorrain dont le père ou deux frères ont été tués alors qu'ils servaient dans l'armée allemande.

De même les jeunes gens, fils de parents étrangers, ayant accepté la nationalité française et dont le père a été tué alors qu'il combattait dans les rangs alliés au cours de la guerre 1914-1918, peuvent être assimilés aux jeunes français, dont le père est mort pour la France, à charge pour les intéressés de produire les pièces justificatives nécessaires.

Article 54. Figurent seuls sur les listes de tour de départ, les militaires classés comme disponibles (catégories D 1 et D 2, visés à l'article précédent).

Les désignations pour les théâtres d'opérations extérieurs ne doivent, en principe, porter que sur des militaires de la catégories D 1 en commençant par les volontaires. En cas d'épuisement de cette catégorie, les désignations des militaires de la catégorie D 2 ne pourront être faites que sur l'ordre du Ministre (Direction d'arme ou de service) et dans l'ordre indiqué à l'article 52.

Les militaires classés comme exemptés ne sont pas inscrits sur les listes de tour de départ et sont par suite dispensés de départ sur les théâtres d'opérations extérieurs.

Toutefois, en cas de nécessités militaires, le Ministre (Cabinet du Ministre) se réserve le droit de faire cesser cette exemption, seulement en ce qui concerne les militaires de la *catégorie E* 1.

Article 55. Ne doivent être considérés comme volontaires que les militaires ayant établi une demande par écrit, et dont le nom ne figure pas sur l'extrait de liste communiqué à la troupe dans les conditions prévues à l'article ci-dessus.

Les militaires appelés, rapatriés, d'un théâtre d'opérations extérieur doivent à leur retour figurer de nouveau sur les listes de tour de départ individuel de leur demi-contingent, mais y être inscrits en queue de la catégorie à laquelle ils appartiennent.

Lorsque l'âge intervient pour l'inscription sur les listes de tour de départ :

— les ajournés prennent rang d'après leur âge réel;

— les sursitaires sont considérés comme étant nés la même année que les jeunes soldats du contingent avec lequel ils sont incorporés.

Article 56. En principe, les élèves gradés sont considérés pour l'envoi sur les théâtres d'opérations extérieurs comme des spécialistes et doivent être inscrits comme tels sur les listes de tour de départ; ils seront désignés pour être dirigés sur ces territoires jusqu'à concurrence du nombre d'élèves gradés fixé par le Ministre (Direction d'arme intéressée) à qui il appartient de déterminer pour chaque demande de renfort, la proportion dans laquelle les élèves gradés peuvent être substitués à des gradés.

Toutefois, ceux de ces élèves gradés que leur chef de corps n'estimerait pas susceptibles de faire de bons gradés, faute d'avoir des qualités nécessaires, ne seront pas considérés comme spécialistes. Ils devront suivre le sort commun des hommes de leur classe et être envoyés sur les théâtres d'opérations extérieurs d'après leur rang sur la liste générale des tours de départ. On indiquera cependant sur leur livret matricule le temps pendant lequel ils ont suivi le peloton des élèves gradés.

Article 57. Tout militaire figurant en tête de liste et susceptible d'être désigné pour un théâtre d'opérations extérieur dans un délai de trois mois doit faire l'objet d'un examen médical; les conditions dans lesquelles il est procédé à cet examen sont fixées par une instruction établie sous le timbre de la Direction du Service de Santé.

En cas de non départ pour force majeure, le militaire conserve son rang sur la liste de tour de départ et est désigné dès qu'il devient disponible.

Article 58. Dans l'intérêt général, il peut être nécessaire de maintenir temporairement en place certains militaires occupant des emplois spéciaux au moment où survient leur tour de départ.

De même, des sursis de départ peuvent être accordés à des militaires du contingent dans certains cas tout à fait particuliers : mariage, décès de parents au premier ou au deuxième degré, etc.

Des instructions sont données sous le timbre des Directions intéressées pour régler les conditions dans lesquelles sont accordés des sursis de départ dont la durée ne pourra excéder deux mois.

Article 59. Les candidats autorisés à prendre part au concours pour l'obtention du titre d'élève officier de réserve sont dispensés de départ jusqu'à la publication des résultats des examens d'admissibilité ou d'admission, suivant le cas; ceux qui sont définitivement admis sont indisponibles pour l'envoi sur les théâtres des opérations extérieurs.

Article 60. Les jeunes gens titulaires du brevet de préparation militaire élémentaire qui sont désignés pour les théâtres d'opérations extérieurs, peuvent, sur leur demande, être maintenus à leur corps jusqu'à ce qu'ils aient accompli quatre mois de service, pour y suivre le peloton des élèves caporaux, et, le cas échéant, être nommés caporaux. Passé ce délai, qu'ils aient été nommés caporaux ou non, ils sont envoyés sans nouveaux ordres sur le théâtre d'opérations extérieur pour lequel ils ont été désignés.

Article 61. Les militaires du contingent suivant des cours ou accomplissant des stages spéciaux d'instruction sont considérés comme indisponibles pour le service sur les théâtres d'opérations extérieurs pendant la durée des cours ou des stages.

Articel 62. Les militaires condamnés avec sursis ou bénéficiaires de la suspension pour l'exécution du jugement de condamnation pour des crimes ou délits, dont ils se sont rendus coupables, sont soumis aux mêmes règles d'envoi sur les théâtres d'opérations extérieurs que les militaires de carrière visés à l'article 45.

Article 63. Jusqu'à la date de son envoi en permission de départ avant son embarquement pour les théâtres d'opérations extérieurs, un militaire peut demander que son rang sur la liste de tour de départ soit rectifié, s'il vient à se produire une modification dans sa situation de famille, à charge par lui d'en fournir la preuve.

Passé cette date, toute modification à la situation de famille d'un militaire ne peut entrer en ligne de compte pour motiver un changement dans sa désignation.

Les situations exceptionnelles dignes d'intérêt sont signalées au Ministre (Direction d'arme) pour examen et décision.

Article 64. Tout militaire, désigné pour être dirigé sur un théâtre d'opérations extérieur, et qui ne bénéficiant pas de cas de dispense prévus, est absent de son corps pour une cause quelconque au moment où il aurait dû être mis en route, doit, sans préjudice des sanctions judiciaires ou légales à intervenir le cas échéant, être envoyé sur les théâtres d'opérations extérieurs, le plus rapidement possible, sans considération de tour de départ, sous la seule réserve qu'il ait été reconnu apte physiquement.

CHAPITRE V.

DISPOSITIONS PARTICULIÈRES AUX ENGAGÉS VOLONTAIRES.

Article 65. Les engagés par devancement d'appel sont inscrits sur les listes de tour de départ du demi-contingent avec lequel ils sont incorporés.

Article 66. Les militaires autorisés en vertu de l'article 62 de la loi de recrutement, à contracter un engagement de deux ans pour servir dans les corps métropolitains stationnés hors de France et les engagés volontaires pour trois ans, ne figurent pas sur les listes de tour de départ pour les théâtres d'opérations extérieurs du demi-contingent appelé immédiatement après la date de leur incorporation, mais sur celles du demi-contingent suivant.

Article 67. Les engagés volontaires pour quatre ou cinq ans ne figurent que sur les listes du troisième demi-contingent appelé après la date de leur incorporation.

Article 68. Les engagés volontaires reçoivent d'ailleurs application des dispositions prévues aux chapitres Ier et III du titre II de la présente instruction à partir du moment où ils ont accompli la durée légale du service militaire.

Article 69. Les prescriptions énumérées ci-dessus ne peuvent faire obstacle à l'acceptation des demandes que pourraient présenter les engagés qui seraient volontaires pour être envoyés immédiatement sur un théâtre d'opérations extérieur.

Toutefois, avant leur désignation définitive, ceux d'entre eux ne remplissant pas les conditions de temps minimum de service ci-dessus fixé, doivent faire l'objet d'un examen médical particulièrement attentif.

CHAPITRE VI.

DISPOSITIONS SPÉCIALES AUX MILITAIRES INDIGÈNES NORD-AFRICAINS.

Article 70. Le tour de départ individuel des militaires indigènes nord-africains est réglé, d'après les principes des chapitres qui précèdent.

Toutefois, ces militaires ne peuvent bénéficier, en ce qui concerne leur inscription sur les listes de tour de départ, des avantages accordés aux militaires français :

Soit en raison de leur situation de famille;

Soit pendant leur séjour en Algérie-Tunisie.

Les dispositions des articles 45 et 62 de la présente instruction sont applicables aux militaires indigènes nord-africains, condamnés avec sursis, en service en Algérie-Tunisie, dans la métropole et les pays rhénans.

TITRE III.

Désignations collectives par unités constituées pour les théâtres d'opérations extérieures.

Article 71. Lorsqu'une unité, de quelque importance qu'elle soit, est désignée pour un théâtre d'opérations extérieur, tous les militaires, à quelque catégorie qu'ils appartiennent, et quelle que soit leur situation propre, dès l'instant qu'ils figurent sur les contrôles de l'unité, à l'exception de ceux qui y sont affectés pour ordre, sont tenus au départ, aux seules exceptions limitativement fixées ci-après :

1° Les militaires déclarés antérieurement à la désignation de l'unité, inaptes physiquement au service sur les théâtres d'opérations extérieurs, après visite médicale, contre-visite ou examen de la commission de réforme, ainsi que les militaires indisponibles au moment du départ de l'unité (en traitement à l'infirmerie, à l'hôpital, régulièrement malades à la chambre);

2° Militaires détachés hors du territoire (métropole, armée française du Rhin, Afrique du Nord, ou colonie) sur lequel l'unité est stationnée;

3° En ce qui concerne les militaires appelés :

a) Jeunes gens exemptés, au tour individuel, de l'envoi sur un théâtre d'opérations extérieur, c'est-à-dire appartenant aux catégories E 1 et E 2 visées par l'article 53 du titre II de la présente instruction.

Toutefois, si les nécessités militaires l'exigent, les exemptions des militaires de la catégorie E 1 seront interrompues par ordre du Ministre (Cabinet du Ministre);

b) Militaires à l'instruction, c'est-à-dire ayant moins de trois mois de service actif, sauf s'il s'agit d'un corps de troupe ou unité formant corps envoyé définitivement sur un théâtre d'opérations extérieur. Dans ce cas, les recrues à l'instruction sont emmenées, mais ne doivent, en cas d'opérations, être engagées qu'après achèvement de leur instruction.

Les officiers à titre temporaire et les officiers du cadre latéral figurent sur la même liste que les officiers à titre définitif.

Article 72. Tous les militaires *non compris* dans les catégories susindiquées sont inscrits dans chaque corps de troupe ou unité formant corps sur une *liste spéciale* établie, par grade, dans l'ordre suivant :

Militaires de carrière :

1° Militaires de la catégorie A du tour de départ individuel, classés ainsi qu'il est prescrit au titre II;

2° Militaires de la catégorie B du tour de départ individuel, classés dans les mêmes conditions;

3° Militaires de la catégorie C du tour de départ individuel;

4° Militaires qui n'étaient pas inscrits sur les listes de tour de départ individuel et qui sont tenus au départ par tour collectif.

Militaires du contingent :

1° Militaires de la catégorie D 1 du tour de départ individuel classés comme il est prescrit au titre II;

2° Militaires de la catégorie D 2 du tour de départ individuel classés dans les mêmes conditions;

3° *Eventuellement* les militaires de la catégorie E 1.

Cette liste fait ressortir les spécialités des militaires qui y sont inscrits, afin de permettre de donner, le cas échéant, à l'unité désignée pour être dirigée sur un théâtre d'opérations extérieur, la composition par spécialité qui lui est indispensable pour remplir sa mission.

Article 73. Bien que les militaires de carrière français servant en Algérie-Tunisie ne soient pas inscrits sur les listes de tour de départ individuel pendant la durée de leur séjour sur ce territoire, il est établi dans chaque corps ou unité formant corps de l'Algérie-Tunisie, une liste spéciale dans les conditions indiquées ci-dessus.

Article 74. Pour l'établissement de la liste spéciale des militaires appelés, les catégories D 1 des demi-contingents sont classées entre elles dans l'ordre inverse des dates d'incorporation, le demi-contingent incorporé en dernier lieu étant classé le premier.

Les catégories D 2 et éventuellement les catégories E 1 sont classées de même.

Les militaires appelés, rapatriés d'un théâtre d'opérations

extérieur doivent, à leur retour, figurer de nouveau sur la liste spéciale de leur corps, mais y être inscrits en queue de la catégorie à laquelle ils appartiennent.

Article 75. La composition détaillée des unités à diriger sur un théâtre d'opérations extérieur est fixée, si celles-ci sont de l'ordre du corps de troupe (ou unité formant corps) et unités inférieures par des instructions qui sont données sous le timbre des Directions d'arme ou de service intéressées.

Ces instructions fixent, en outre, la composition qualitative et quantitative des « Dépôts (1) » à laisser en cas de désignation d'un corps ou unité formant corps. Les militaires que leurs fonctions normales appellent à en faire partie sont rayés de la liste spéciale de départ visée à l'article précédent.

Article 76. Lorsqu'un corps de troupe (ou unité formant corps) est désigné pour l'envoi sur un théâtre d'opérations extérieur, le chef de corps réalise l'effectif prescrit au moyen de ressources du corps.

Le personnel à désigner quantitativement pour faire partie du « Dépôt (1) » est constitué à l'aide des militaires non inscrits sur la liste spéciale; le complément est désigné d'après cette liste, les premiers à prendre étant ceux qui y figurent en queue et de façon à réaliser pour le corps l'effectif fixé par spécialité.

S'il y a excédent par rapport à l'effectif prescrit, les personnels à maintenir en surnombre sont désignés de même.

S'il y a déficit, les désignations nécessaires sont faites sur demande télégraphique du chef de corps, au moyen de volontaires, et à défaut d'après le tour de départ individuel, par l'autorité qualifiée.

En cas d'urgence, lorsque les délais de préparation seront très courts, l'unité désignée pourra être complétée sur les ressources du corps d'armée auquel appartient l'unité, d'après les ordres donnés par le Ministre.

S'il s'agit d'un corps de troupe (ou unité formant corps) d'Algérie ou de Tunisie, le corps est complété, s'il y a lieu, par la métropole, sur demande adressée au Ministre (Direction d'arme).

Article 77. Lorsqu'il s'agit de la désignation d'une unité inférieure au corps de troupe (ou unité formant corps), le Ministre désigne le corps chargé de fournir l'unité.

(1) Ou portion centrale.

Celle-ci est alors désignée dans l'intérieur du corps par voie de tirage au sort, si le corps a des unités détachées, celles-ci sont comprises dans le tirage au sort sauf avis contraire du Ministre.

Les unités constituées de ce corps qui, postérieurement au 23 octobre 1919, ont déjà été détachées sur un théâtre d'opérations extérieur, doivent être exclues du tirage au sort.

L'unité désignée emmène tout son personnel, comme il est dit à l'article ci-dessus.

S'il y a excédent par rapport à l'effectif fixé, le personnel à maintenir au corps est désigné d'après la liste spéciale du corps, mais en commençant par la fin de cette liste et de façon à réaliser pour l'unité l'effectif fixé par spécialité.

S'il y a déficit, le personnel de complément est désigné individuellement dans le corps en ayant recours d'abord aux volontaires, puis aux militaires remplissant les conditions fixées au titre II pour l'envoi individuel sur les théâtres d'opérations extérieurs, en suivant l'ordre d'inscription sur la liste spéciale et à défaut, comme il est dit au quatrième alinéa de l'article 76 ci-dessus.

Article 78. Les officiers et militaires de carrière titulaires d'emplois dans les services généraux du corps ne doivent pas être désignés pour compléter une unité inférieure au corps.

Article 79. En Algérie-Tunisie :

1° L'unité désignée se complète, à défaut de volontaires, au moyen des ressources du corps, jusqu'à concurrence des deux tiers, au minimum, de l'effectif prescrit.

Le complément nécessaire en officiers et militaires de carrière est fourni, s'il y a lieu, par la métropole sur demande adressée au Ministre (Direction d'arme).

2° Dans les corps de troupe, qui envoient fréquemment au Maroc des unités constituées, le tirage au sort pour la désignation de l'unité appelée à partir peut être remplacé par un « tour de départ des unités » établi une fois pour toutes.

Article 80. Toutes les fois que la désignation collective doit porter sur une unité d'ordre supérieur au corps de troupe, la constitution de la grande unité ou groupement de commandement est réglée par des instructions particulières du Ministre (Etat-Major de l'Armée).

Celui-ci en particulier se réserve le droit de prélever sur tel ou tel groupement de commandement du temps de paix.

Les corps ou unités inférieures au corps de troupe appelés à faire partie de la grande unité sont désignés et constitués comme il est dit aux articles ci-dessus.

Les personnels de commandement, états-majors et services sont ceux constituant, en temps de paix, les organes similaires de la grande unité désignée, réserve faite des personnels désignés par le Ministre pour assurer la permanence sur le territoire.

En cas de déficit, il est pourvu aux désignations nécessaires à défaut de volontaires, d'après le tour de départ individuel, dans les conditions prévues au titre II.

Article 81. Les militaires reconnus inaptes temporairement, antérieurement à la désignation de l'unité, ainsi que les militaires désignés pour les théâtres d'opérations extérieurs au titre du tour de départ collectif dans les conditions de la présente instruction et qui seraient au moment du départ indisponibles pour maladie (en traitement à l'infirmerie, à l'hôpital, malades à la chambre) sont maintenus au dépôt. Mais ils sont, dès que leur inaptitude ou leur indisponibilité a cessé, inscrits en tête de leur catégorie sur la liste spéciale, et maintenus dans cette situation pendant un temps au moins égal à la durée de leur indisponibilité.

Leur aptitude au départ est constatée d'après les règles établies pour les tours de départ individuels (instruction n° 7618 B 4/7 du 10 octobre 1924, *Bulletin officiel*, 1924, page 2766).

Article 82. Les militaires désignés pour les théâtres d'opérations extérieurs, au tour collectif ou au tour individuel, mais pour le recomplètement d'unités désignées, pourront bénéficier d'une permission de départ dont la durée maximum sera déterminée d'après l'urgence (1).

Article 83. Les militaires envoyés sur un théâtre d'opérations extérieur avec une unité constituée sont rapatriés en même temps que cette unité s'ils ne sont pas volontaires pour être maintenus individuellement sur le théâtre d'opérations.

Les règles relatives au temps de séjour incomplet leur sont applicables, le cas échéant, dès leur retour dans la métropole, en ce qui concerne leur réinscription sur les listes de tour de départ individuel.

En cas de séjour prolongé de l'unité sur le théâtre d'opéra-

---

(1) Circulaire n° 8040-1/11 du 17 septembre 1925.

tions extérieur, les militaires de carrière désignés dans les conditions de la présente instruction pour en faire partie peuvent revendiquer le bénéfice de la relève individuelle au bout de deux ans de séjour. Toutefois, ceux d'entre eux, qui, au départ, étaient classés dans la catégorie B du tour de départ individuel pourront être relevés et rapatriés dès que les nécessités du service ou des opérations sur le théâtre d'opérations extérieur le permettront.

Des ordres, à cet égard, seront donnés, dans chaque cas, par le Ministre de la guerre sous le timbre de l'Etat-Major de l'Armée.

TITRE IV.

A. — Mise en route sur les théâtres d'opérations extérieurs des officiers, sous-officiers, à solde mensuelle, chefs de famille et militaires de la gendarmerie.

CHAPITRE PREMIER.

MISE EN ROUTE.

Article 84. Les chefs de corps ou de service font bénéficier immédiatement, dès leur désignation pour un théâtre d'opérations extérieur, les officiers, sous-officiers à solde mensuelle, chefs de famille et militaires de la gendarmerie, de la permission spéciale de départ prévue par la réglementation en vigueur.

La mise en route, proprement dite, de ces militaires, est réglée par l'instruction du 12 mai 1926, *Bulletin officiel*, page 1443.

La mise en route au retour des militaires permissionnaires des théâtres d'opérations extérieurs continue à être réglée conformément à la circulaire n° 14048/4/11 du 16 octobre 1920.

CHAPITRE II.

DISPOSITIONS RELATIVES AUX FAMILLES.

Article 85. Les militaires peuvent être autorisés à emmener leur famille sur un théâtre d'opérations extérieur par le général commandant en chef sur ce théâtre d'opérations.

Si l'intéressé n'est pas encore parti, la demande d'autorisation est adressée par le chef de corps directement au général commandant en chef sur ce territoire qui fait connaître sa décision au chef de corps de l'intéressé.

Si l'intéressé se trouve sur un théâtre d'opérations extérieur, il adresse sa demande par la voie hiérarchique au général commandant en chef sur ce territoire, qui, s'il accorde l'autorisation, envoie celle-ci directement au général commandant la région sur le territoire de laquelle se trouve la famille de l'intéressé.

Le général commandant la région communique l'autorisation à la famille, par l'intermédiaire de la gendarmerie.

Dès réception de l'autorisation, les intéressés (ou leur famille) s'adressent directement au service chargé de l'embarquement (1) pour retenir les places nécessaires.

La possibilité d'emmener sa famille étant subordonnée au poste qu'occupera le militaire sur le théâtre d'opérations extérieur et l'autorisation pouvant n'être donnée souvent qu'après son arrivée sur le théâtre d'opérations extérieur, la non-réception de cette autorisation ne doit, en aucun cas, retarder le départ de l'intéressé, à la date fixée par le service de l'embarquement.

CHAPITRE III.

OFFICIERS ET SOUS-OFFICIERS DE CARRIÈRE DÉSIGNÉS POUR ENCADRER DES RENFORTS.

Article 86. Il appartient aux chefs du service de l'embarquement dans les ports de désigner nominativement parmi les militaires en instance de départ ceux qui seraient nécessaires pour l'encadrement des renforts, soit pendant le séjour de ces renforts aux centres de rassemblement, soit pendant les transports. Le chef du service des transports adresse directement à ces militaires toutes convocations et toutes instructions utiles à cet effet.

Les sous-officiers à solde mensuelle, chefs de famille, pourront exceptionnellement être utilisés pour encadrer les détachements dirigés sur les centres de rassemblement au cas où cet encadrement ne pourrait être assuré par les seuls sous-officiers, non chefs de famille, mis en route avec ces détachements.

(1) Commandant de la base à Marseille, Beyrouth et Casablanca; chef du service des transports militaires à Bordeaux, Oran; commandant d'armes dans les autres ports.

CHAPITRE IV.

DISPOSITIONS DIVERSES.

Article 87. Tout militaire qui, pour un cas de force majeure, ne pourrait rejoindre le port d'embarquement au jour fixé, doit en rendre compte d'urgence au chef du service d'embarquement (1) et à son ancien chef de corps ou de service. Il appartient à ce dernier de faire régulariser la situation de l'intéressé et de fixer, le cas échéant, la date nouvelle à partir de laquelle il devra se présenter au port d'embarquement.

Au départ de chaque bateau, le chef de service de l'embarquement adresse au Ministre sous le timbre des directions intéressées une fiche comportant :

1° Les noms, grades et destination des militaires embarqués.

2° Les noms et grades des militaires qui ne se sont pas présentés au jour fixé pour leur départ, avec, s'il y a lieu, les raisons données pour ce retard.

B. — Fonctionnement général du ravitaillement en hommes de troupe des théâtres d'opérations extérieurs.

Les dispositions ci-après visent l'envoi des renforts d'entretien.

FONCTIONNEMENT GÉNÉRAL DU RAVITAILLEMENT EN HOMMES.

Article 88. 1° Les corps ou détachements de toutes armes et de tous services entrant dans la composition des troupes utili-

---

(1) Le même avis doit être adressé au chef du service de l'embarquement au cas où le départ de la famille serait différé.

sées sur des théâtres d'opérations extérieurs sont, en principe, ravitaillés en hommes, sur demandes établies conformément aux indications données au paragraphe 2° ci-dessous, par l'envoi d'isolés ou de détachements : ces renforts sont mis globalement à la disposition du commandant en chef des troupes sur ce théâtre d'opérations extérieur, sur ordres donnés par le Ministre sous le timbre des directions d'armes intéressées.

Ces isolés ou détachements sont en principe dirigés de leurs corps d'origine sur les « Centres de rassemblement des théâtres d'opérations extérieurs », organes chargés respectivement en France, en Algérie et en Tunisie, de grouper les renforts à destination des théâtres d'opérations extérieurs et de les administrer jusqu'au jour de leur embarquement.

Ces renforts sont reçus à leur arrivée sur les théâtres d'opérations extérieurs par les « Dépôts de transition », organes chargés de les recevoir, répartir et administrer à partir de la date de leur débarquement.

Les dépôts de transition affectent les militaires, à leur arrivée, aux corps ou services déficitaires des troupes d'occupation sur les théâtres d'opérations extérieurs, conformément aux directives qui leur sont données par les commandants en chef sur ces territoires.

Les dépôts de transition sont également chargés d'assurer la mise en route des militaires rapatriés des théâtres d'opérations extérieurs.

De même, les centres de rassemblement sont chargés d'assurer la réception des hommes rapatriés et leur envoi, soit en congé ou en permission, soit sur leur corps d'affectation conformément aux prescriptions du chapitre IV, ci-après.

2° Chaque corps de troupe et chaque service des différents théâtres d'opérations extérieurs (Maroc excepté) établit tous les deux mois, aux dates des 1er janvier, mars, mai, juillet, septembre et novembre, une demande de renfort du modèle annexé à la présente instruction (état n° 1).

Ces demandes sont centralisées et vérifiées par le général commandant en chef et adressées au Ministre sous le timbre de la direction d'arme intéressée.

CHAPITRE PREMIER.

PRÉPARATION ET MISE EN ROUTE DES HOMMES.

I. — Permissions.

Article 89. Les hommes désignés pour les théâtres d'opérations extérieurs, s'ils sont *militaires de carrière* ou s'ils sont *engagés* pour trois ans ou pour une durée supérieure sont envoyés immédiatement en permission spéciale de départ de vingt jours (voir circulaires ministérielles 16568 K du 1er décembre 1919; 12880 K du 21 août 1922 et 8927 K du 10 juillet 1923).

Le Ministre toutefois se réserve, en cas d'urgence, de réduire ou même de supprimer la permission spéciale de départ. Les ordres seront donnés, en ce cas, sous le timbre de l'Etat-Major de l'Armée, 1er Bureau (circulaires ministérielles 2960 K du 17 mars 1920 et n° 8040 1/11 du 17 septembre 1925).

Les *militaires appelés* peuvent, s'ils le désirent, bénéficier avant leur départ d'une permission à prendre sur le nombre total de jours de permission auxquels ils ont droit, cette permission ne doit pas dépasser dix jours (circulaire ministérielle 8927 K du 10 juillet 1923).

A l'issue de leur permission, les militaires rejoignent leur corps d'origine.

II. — Vaccinations.

Article 90. Il doit être procédé par les soins des unités aux vaccinations fixées par l'instruction n° 7618/B/4/7 du 3 octobre 1924 (1), vaccinations variables suivant le théâtre d'opérations sur lequel l'homme est envoyé. Ces diverses vaccinations seront poursuivies dans la mesure du possible et ne doivent retarder, ni l'envoi des intéressés en permission, ni leur départ pour les théâtres d'opérations extérieurs.

Mention des vaccinations pratiquées est portée sur les livrets individuels. Ces vaccinations seront terminées, s'il y a lieu, lors de l'arrivée de l'intéressé au Levant ou au Maroc, à la diligence du commandant en chef sur ce théâtre d'opérations extérieur.

(1) Complétée par la circulaire n° 909 B-4/7 du 10 février 1926.

III. — Mise en route. Tenue.

Article 91. Les hommes sont mis en route sur les « Centres de rassemblement des théâtres d'opérations extérieurs » par les unités d'origine, dans la tenue suivante, sans arme, ni outils portatifs, savoir :

1° *En tout temps.*

Tenue du tableau A annexé au règlement du 22 janvier 1907 (*Bulletin officiel*, volume 3)..........	1 capote ou manteau (1). 1 vareuse. 1 culotte ou pantalon-culotte. 1 bonnet de police, béret, chéchia ou coiffure arabe. 1 paire de bandes molletières ou de jambières en cuir. 1 paire de brodequins. 1 chemise. 1 caleçon. 1 mouchoir. 1 paire de chaussettes. 1 ceinture de flanelle (2). 1 paire de bretelles de pantalon (2). 1 cravate.
Plus....................	1 chemise. 1 caleçon. 1 mouchoir. 1 paire de chaussettes. 1 serviette. 2 étuis-musettes. 1 gamelle individuelle. 1 cuiller. 1 fourchette. 1 quart. 1 petit bidon de 2 litres. 1 bourgeron de toile (3). 1 pantalon de treillis (3). 1 tente individuelle complète.

2° *Pendant la saison chaude* (4).

1 casque en liège.
1 culotte ou pantalon-culotte en toile kaki.
1 vareuse en toile kaki.

---

(1) A délivrer en *tout temps*, en sus de la vareuse; les spahis seront en outre pourvus d'un burnous à leur arrivée sur le théâtre d'opérations extérieur, par les soins du corps auquel ils sont affectés.

(2) Sauf pour les troupes d'Afrique qui sont pourvues de la ceinture de laine à l'exclusion de la ceinture de flanelle et de la paire de bretelles de pantalon.

(3) A porter pendant la traversée pour ménager les autres effets.

(4) Du 15 mai au 1er octobre. Ces effets sont délivrés aux hommes par

3° *Eventuellement :*

1 chandail (1).

Remarque essentielle. — Contrairement aux prescriptions du tableau A, auquel se réfère l'énumération ci-dessus, les effets et objets compris dans cette énumération doivent être *neufs* ou *très bons*, à l'exception des seuls *effets de drap* qui sont du classement « Instruction », mais doivent être *propres* et en *bon état* et en aucun cas, ne peuvent être de modèles d'avant guerre.

Le complément du paquetage de campagne, ainsi que le casque en liège, s'il y a lieu, est distribué dès l'arrivée des hommes sur le théâtre d'opérations extérieur, par les soins du commandant en chef, qui donne également des ordres pour échanger les effets d'habillement d'instruction par des effets neufs bleus ou kakis suivant le cas.

Les hommes sont pourvus de vivres pour la durée du voyage jusqu'au jour inclus de leur arrivée au « Centre de rassemblement des théâtres d'opérations extérieurs », chaque fois qu'il ne sera pas pris de dispositions spéciales, pour leur faire distribuer des repas chauds, en cours de route, par des corps de troupe des garnisons situées sur le trajet.

Une revue sera toujours passée par le chef de corps ou son délégué avant le départ des hommes pour les centres de rassemblement.

Les militaires en question seront mis en route, soit isolément, soit par détachement, dans les conditions suivantes :

A. — Hommes en provenance de la métropole ou de l'armée du Rhin.

Ces hommes sont dirigés soit sur le dépôt des isolés métropolitains de Marseille (camp de Sainte-Marthe), soit sur le dépôt des isolés métropolitains de Bordeaux, soit sur l'annexe du dépôt des isolés coloniaux de Port-Vendres, selon les règles fixées par l'instruction du 12 mai 1926 (*Bulletin officiel*, page 1443.).

Ces deux dépôts et cette annexe jouent, au point de vue de la mise en route des isolés et détachements, le rôle assigné aux centres de rassemblement (chapitre II).

---

les soins du centre de rassemblement des théâtres d'opérations extérieurs, qui leur retire en même temps la culotte ou le pantalon-culotte en drap et la vareuse en drap dont ils sont porteurs, et verse ces effets de drap au service de l'intendance de la région.

(1) Pour les hommes réglementairement dotés de cet effet au moment de leur désignation pour le théâtre d'opérations extérieur.

B. — Hommes en provenance d'Algérie-Tunisie.

1° Hommes devant rejoindre le Maroc.

a) *Militaires français.* — Sont dirigés sur le dépôt des isolés d'Oran, qui fait office de centre de rassemblement pour ces militaires.

b) *Légionnaires et militaires indigènes nord-africains.* — Sont mis en route d'après les instructions du général commandant le 19e corps d'armée, après entente avec le général commandant supérieur des troupes du Maroc et, s'il s'agit de militaires tunisiens, avec le général commandant la division d'occupation de Tunisie.

2° Hommes devant rejoindre le Levant.

Sont embarqués dans les ports de l'Algérie et de la Tunisie, soit directement à destination du Levant, soit *via* Marseille, conformément aux instructions spéciales données par le Ministre (Etat-Major de l'Armée; 4e bureau) selon les circonstances.

A cet effet, le général commandant le 19e corps d'armée et le général commandant la division d'occupation de Tunisie désignent, dans les ports susceptibles d'être utilisés (Oran, Alger, Philippeville, Bône, Bizerte, Tunis), un corps de troupe qui fait office de centre de rassemblement, notamment en ce qui concerne l'établissement des pièces prévues au chapitre VI, paragraphe II. E. de la présente instruction.

Les sous-intendants de ces ports sont chargés des formalités administratives relatives aux embarquements.

Lorsque l'acheminement a lieu via Marseille, la mise en route sur ce port a lieu après les mêmes formalités préalables que celles prescrites par l'instruction du 12 mai 1926 (*Bulletin officiel*, page 1443) pour les différentes catégories de militaires partant de la métropole à destination du Levant.

IV. — Cadre de conduite.

Article 92. Tout détachement, à destination ou en provenance d'un théâtre d'opérations extérieur, sera pourvu de l'encadrement minimum indiqué au tableau ci-dessous :

EFFECTIF DU DÉTACHEMENT.	OFFICIERS.	SOUS-OFFICIERS.	CAPORAUX OU BRIGADIERS.
6 à 19 hommes.	»	»	1
20 à 29 —	»	1	1
30 à 49 —	»	1	2
50 à 69 —	»	1	3
70 à 89 —	»	2	4
90 à 99 —	»	2	5
100 à 299 —	1	1 par 50 hommes et par fraction égale ou supérieure à 25 hommes.	1 par 20 hommes et par fraction égale ou supérieure à 10 hommes.
300 et au-dessus..	1 par 200 hommes et par fraction égale ou supérieure à 100 hommes.	*Idem.*	*Idem.*

Lorsqu'il s'agira de détachements d'indigènes nord-africains, l'effectif des sous-officiers indiqué au tableau ci-dessus devra comprendre un sous-officier français par 100 hommes ou par fraction supérieure à 50 hommes. En outre, les détachements seront toujours commandés par un gradé parlant français.

A défaut d'un nombre suffisant d'officiers ou de gradés entrant dans la composition du détachement, le complément des cadres nécessaires sera fourni par le corps d'origine.

Ces cadres accompagneront en principe le détachement jusqu'aux dépôts de transition, ou bien si ces organes n'existent pas (mouvements entre l'Afrique du Nord et la métropole ou inversement) jusqu'au corps destinataire. Toutefois, par raison d'économie l'autorité militaire chargée du service des transports au port d'embarquement (1) remplacera, nombre pour nombre, les officiers et gradés *complémentaires d'encadrement* par des officiers et gradés isolés rejoignant le même dépôt de transition ou le même corps destinataire.

Les cadres ainsi remplacés seront immédiatement mis en route sur leurs corps d'origine.

Dans le cas où un certain nombre de détachements, de faible effectif chacun, sont réunis pour effectuer la traversée sur un

(1) Commandant de la base de Marseille, Casablanca, Beyrouth; chef du service des transports militaires à Bordeaux, Oran; commandant d'armes dans les autres ports.

même vapeur, si le total des officiers et gradés des détachements, d'une part, et des officiers et gradés devant voyager sur ce vapeur et pouvant être désignés comme cadres complémentaires, d'autre part, est, pour l'effectif global à embarquer, inférieur aux chiffres minima ci-dessus indiqués, il appartient à l'autorité militaire chargée du service des transports au port d'embarquement de demander au moins huit jours à l'avance à l'autorité militaire supérieure « Ministre (Etat-Major de l'Armée; 4e Bureau), général commandant supérieur des troupes du Maroc ou du Levant, général commandant le 19e corps d'armée ou général commandant la division d'occupation de Tunisie », selon le cas, les officiers et gradés nécessaires pour compléter l'encadrement.

Leur mission terminée, les officiers et gradés complémentaires, devant rejoindre leur corps d'origine, seront immédiatement mis en route à destination de ce corps.

Chaque chef de détachement et chaque gradé devra être pourvu d'une liste d'appel des militaires de son détachement ou de sa fraction.

CHAPITRE II.

ROLE ET FONCTIONNEMENT DES « CENTRES DE RASSEMBLEMENT » OU ORGANES DESIGNÉS POUR EN REMPLIR LE ROLE (DÉPOT DES ISOLÉS, CORPS DE TROUPE DÉSIGNÉS).

Article 93. Ainsi qu'il a été indiqué précédemment, les « Centres de rassemblement » sont chargés de grouper les hommes provenant des différents corps, à destination des théâtres d'opérations extérieurs et d'administrer ces hommes depuis le jour de leur arrivée jusqu'à celui de leur embarquement.

En dehors de leur rôle administratif et disciplinaire, les centres de rassemblement doivent vérifier que les hommes ont été régulièrement mis en route par leur corps d'origine dans les conditions fixées par la présente instruction, et les soumettre à la visite médicale prévue par l'instruction n° 7618 B/4/7 du 3 octobre 1924.

Au cas où, exceptionnellement et contrairement aux prescriptions du présent titre, certains hommes arriveraient au centre

(1) Commandant de la base de Marseille, Casablanca, Beyrouth; chef du service des transports militaires à Bordeaux, Oran; commandant d'armes dans les autres ports.

de rassemblement avec un équipement incomplet, le centre devrait régulariser cette situation.

S'il recevait un homme indûment désigné pour les théâtres d'opérations extérieurs (inaptitude physique ou toute autre cause), il le renverrait immédiatement à son corps d'origine en prévenant ce dernier des motifs de renvoi de l'intéressé.

Les commandants des centres de rassemblement signalent dans les rapports mensuels dont l'établissement est prévu plus loin, les corps qui ne se seraient pas conformés aux prescriptions de la présente instruction.

Les ordres de détail de mise en route à partir des centres de rassemblement sont donnés directement aux commandants de ces centres par l'autorité militaire chargée du service des transports au port d'embarquement (1).

Toutefois, en cas de relèves collectives importantes, les instructions nécessaires sont données par le Ministre (Etat-Major de l'Armée; 4e Bureau) ou, en ce qui concerne les mouvements entre l'Algérie-Tunisie et le Maroc, par le général commandant le 19e corps d'armée investi à cet effet d'une délégation permanente.

Le fonctionnement des centres de rassemblement fera l'objet d'un compte rendu établi le 1er de chaque mois au Ministre en double exemplaire sous le timbre de l'Etat-Major de l'Armée (1er Bureau) et de l'Etat-Major de l'Armée (4e Bureau), ou pour le dépôt des isolés d'Oran en ce qui concerne les mouvements à destination du Maroc, au général commandant le 19e corps d'armée.

Ce compte rendu sera établi par le commandant du centre conformément au modèle n° 2 annexé à la présente instruction et transmis :

Pour Marseille, par l'intermédiaire du commandant de la base et du général commandant la 15e région.

Pour Port-Vendres, par l'intermédiaire du commandant d'armes et du général commandant la 16e région.

Pour Bordeaux, par l'intermédiaire du chef de service des transports militaires et du général commandant la 18e région.

Pour les ports d'Algérie et de Tunisie, en ce qui concerne les mouvements à destination du Levant, par l'intermédiaire des commandants d'armes et des généraux commandant le 19e corps d'armée ou la division d'occupation de Tunisie.

Chacune de ces autorités y consignera toutes observations qu'elle jugera utiles.

CHAPITRE III.

ROLE DES DÉPOTS DE TRANSITION.

Article 94. A leur départ du « centre de rassemblement » qu'ils ont reçu comme première destination, les hommes destinés à un théâtre d'opérations extérieur, sont dirigés sur l'un des « Dépôts de transition » ci-après, où ils sont *pris en subsistance* dès leur arrivée :

Beyrouth, pour le Levant;

Casablanca, pour le Maroc occidental;

Oudjda, pour le Maroc oriental (régions d'Oudjda et de Bou-Denib).

Ainsi qu'il a été indiqué précédemment, les « Dépôts de transition » ont pour mission *d'administrer* les renforts depuis le moment où ils débarquent jusqu'à la date de leur mise en route sur les corps auxquels ils sont destinés. Ils prononcent en outre les affectations des hommes dans les conditions prévues au chapitre VI et conformément aux ordres donnés par le commandant en chef.

Au cas où certains militaires auraient, avant leur départ de la métropole, ou de l'Afrique du Nord, reçu une affectation pour un corps déterminé du théâtre d'opérations extérieur, ils ne devront être l'objet d'aucune mutation lors de leur passage par le dépôt de transition.

Les commandants des dépôts de transition doivent prendre connaissance des inscriptions portées sur les livrets individuels des hommes arrivant sur le théâtre d'opérations extérieur, au sujet de l'état des vaccinations pratiquées, et donner tous ordres utiles pour que ces vaccinations soient terminées conformément aux dispositions de la circulaire 7618-P 4/7 du 3 octobre 1924 (1), et compte tenu des contre-indications.

Aucun homme ne devra quitter le dépôt de transition sans être en règle au point de vue des vaccinations.

---

(1) Complétée par la circulaire n° 909-B 4/7 du 10 février 1926.

CHAPITRE IV.

DISPOSITIONS RELATIVES AU RAPATRIEMENT.

I. — Affectation, mise en subsistance, permission, congé.

Article 95. Les militaires en service sur les théâtres d'opérations extérieurs rapatriés en France ou en Algérie-Tunisie, comprennent :

A. *Des militaires de carrière rapatriés après la durée de séjour fixée pour chacun de ces théâtres d'opérations extérieurs par les instructions en vigueur.*

B. *Des militaires rapatriés pour cause de libération.*

C. *Des militaires rapatriés pour raison de santé.*

D. *Des militaires rapatriés pour se rendre en permission exceptionnelle.*

L'affectation et les permissions ou congés à donner à ces militaires à leur départ des théâtres d'opérations extérieurs sont réglées ainsi qu'il suit :

A. — Militaires de carrière et engagés volontaires pour trois ans ou pour une durée supérieure, rapatriés après la durée de séjour réglementaire.

Article 96. Ces militaires bénéficient, lors de leur rapatriement, d'un congé de fin de campagne (voir circulaire ministérielle 16568 K du 1er décembre 1919 et 8927 K du 10 juillet 1923) et sont, autant que possible, affectés ensuite à une garnison de leur choix. Ces affections sont prononcées par le *Dépôt de transition*, avant le départ des théâtres d'opérations extérieurs des militaires en cause, selon les indications que les Directions d'armes intéressées lui font parvenir en temps opportun.

Au cas où, exceptionnellement, un de ces militaires n'aurait pas reçu d'affectation avant son départ du théâtre d'opérations extérieur, le général commandant la subdivision du port de débarquement, ou à défaut, le général commandant la subdivision dans laquelle l'intéressé bénéficie de son congé, l'affectera au corps de sa *subdivision d'arme* le plus rapproché de son domicile, puis le signalera à la Direction d'arme.

Lorsque celle-ci aura fait connaître l'affectation définitive, il en avisera :

1° Le corps provisoire d'affectation;

2° Le corps dans lequel ce militaire servait sur le théâtre d'opérations extérieur;

3° Le dépôt des isolés métropolitains de Marseille (si le militaire en question provient d'un théâtre d'opérations extérieur autre que le Maroc;

4° Le dépôt de transition du théâtre d'opérations extérieur.

B. — Militaires rapatriés pour libération.

Article 97. Ces militaires doivent être mis en route du théâtre d'opérations extérieur assez à temps pour pouvoir bénéficier, avant la date légale de leur libération, de la permission ou du congé auquel ils ont droit, et dont la durée doit être indiquée sur le titre de permission.

En outre, les dates d'embarquement de ces militaires doivent, compte tenu des sujétions de transport, être fixées de telle sorte que les intéressés n'aient, à leur rentrée de permission ou de congé, à séjourner dans les unités où ils sont temporairement affectés ou mis en subsistance dans les conditions indiquées ci-dessous, que le temps strictement nécessaire aux opérations de libération :

1° Les militaires de carrière et les engagés volontaires pour trois ans ou pour une durée supérieure, bénéficient d'un congé de fin de campagne;

2° Les appelés bénéficient d'une permission dont la durée est déterminée par le nombre des journées de permission normales et, le cas échéant, des journées accordées pour « reconnaître la manière de servir » dont ces militaires n'auraient pas bénéficié avant leur départ pour les théâtres d'opérations extérieurs.

Les militaires de ces deux catégories qui doivent être rapatriés sont affectés par les dépôts de transition avant leur départ des théâtres d'opérations extérieurs, au corps de leur subdivision d'arme le plus rapproché de leur domicile. En outre, afin de réduire le plus possible les frais de transport, les dépôts de transition indiquent à ces militaires un corps, le plus rapproché de leur domicile, même s'il est d'une autre arme que celle des intéressés, que ces derniers devront rejoindre à l'expiration de leur permission (ou à la date de leur libération si, exceptionnellement, cette dernière date précède celle de la fin de leur permission). Quelle que soit la durée du service actif qu'il leur restera à accomplir, les militaires en question devront reprendre du service dans ce dernier corps où ils seront mis en subsistance jusqu'à leur libération; qui sera effectuée par les soins dudit corps.

Des indications précises à ce sujet doivent être données aux hommes avant leur départ des théâtres d'opérations extérieurs et notées sur leur titre de permission (en tout état de cause, il ne sera pas inscrit sur les titres de permission, la mention *permission libérale* qui est de nature à laisser croire aux appelés rapatriés qu'ils ne doivent plus accomplir aucun service, une fois leur permission achevée).

La libération de ces militaires doit être notifiée, dès qu'elle a été effectuée :

1° Au corps d'affectation visé ci-dessus;

2° Au commandant du bureau de recrutement du domicile de l'intéressé.

Le général commandant la subdivision du port de débarquement ou à défaut, le général commandant la subdivision dans laquelle l'intéressé bénéficie de son congé ou de sa permission, affecte conformément aux règles indiquées ci-dessus, tout homme qui, exceptionnellement, n'aurait pas reçu d'affectation avant son départ du théâtre d'opérations extérieur.

En vue d'éviter tout retard dans les opérations à effectuer au port de débarquement, les titres de congé ou de permission établis pour les militaires des catégories visées dans le paragraphe 1er, doivent être libellés d'une façon très précise et mentionner en particulier :

L'adresse exacte des titulaires (avec indication de la rue et du numéro, pour les villes importantes);

Les délais de route dont doivent bénéficier les intéressés.

Les militaires visés par l'article 46 de la loi de recrutement (militaires ayant subi des punitions de prison ou de cellule supérieures à huit jours) qui doivent être rapatriés pour libération effectuent sur les théâtres d'opérations extérieurs le temps supplémentaire prévu par la loi.

A cet effet, la mise en route de ces militaires est retardée, à partir de la date normale d'embarquement, d'une durée égale au temps supplémentaire de service à accomplir.

C. — Militaires rapatriés pour raison de santé.

Article 98. Les militaires rapatriés pour raison de santé appartiennent à deux catégories :

1° Militaires rapatriés définitivement;

2° Militaires devant rejoindre le théâtre d'opérations extérieur après guérison.

Catégorie 1°. — La circulaire ministérielle n° 7618 B 4/7 du 3 octobre 1924 définit les militaires qui doivent être rapatriés définitivement.

Ces militaires sont affectés, avant leur départ du théâtre d'opérations extérieur, d'après les règles posées aux articles 96 et 97 du présent chapitre. Ils bénéficient éventuellement d'une permission ou d'un congé de fin de campagne, dans les conditions fixées par les circulaires ministérielles 16568 K du 1er décembre 1919 et 8927 K du 10 juillet 1923.

A l'expiration de leur congé ou permission, ils rejoignent leur corps d'affectation. Par suite, les dépôts de transition ou, éventuellement, les généraux commandant les subdivisions n'ont pas à leur indiquer le corps de mise en subsistance prévu pour les militaires rapatriés pour libération.

Catégorie 2°. — Les militaires évacués ou envoyés en congé de convalescence pour raison de santé qui, après leur guérison, doivent rejoindre leur corps de théâtre d'opérations extérieur, continuent à compter à ce corps, au théâtre d'opérations extérieur. Toutefois, si, au cours d'un congé de convalescence, un militaire à solde journalière doit être hospitalisé, il sera admis en subsistance dans le corps de troupe le plus voisin du lieu d'hospitalisation, afin de permettre le payement rapide de la solde à laquelle il a droit pendant son séjour à l'hôpital.

Si, au cours de son séjour dans la métropole, l'état d'un de ces militaires s'aggrave au point de justifier son maintien temporaire ou définitif dans la métropole, le général commandant la subdivision dont relève l'intéressé, le signale, après décision de la commission de réforme au général commandant la région. Celui-ci demande à la Direction d'arme intéressée l'affectation nouvelle du militaire, s'il s'agit d'un militaire de carrière; on lui donne l'affectation prévue au paragraphe B du présent chapitre, s'il s'agit d'un appelé. Il avise de l'affectation prononcée :

a) Le corps du théâtre d'opérations extérieur où servait le militaire en question;

b) Le dépôt des isolés métropolitains de Marseille (si le militaire en cause provient d'un théâtre d'opérations extérieur autre que le Maroc);

c) Le dépôt de transition du théâtre d'opérations extérieur.

D. — Militaires rapatriés pour permissions exceptionnelles.

Article 99. Les militaires originaires de la métropole, en service sur un théâtre d'opérations extérieur, bénéficiant d'une permission exceptionnelle, sont maintenus en France à l'expiration de leur permission, s'ils n'ont pas plus de trois mois de service à accomplir.

Il est fait application à ces militaires des dispositions de la circulaire n° 1932 K du 17 février 1925.

II. — Mise en route. — Tenue.

Article 100. Les militaires à rapatrier sont mis en route dans les conditions prescrites par le commandant en chef du théâtre d'opérations extérieur intéressé et dans la tenue prévue au chapitre Ier, paragraphe III ci-dessus.

III. — Militaires des régiments étrangers.

Article 101. Les dépôts de transition doivent, par application des dispositions de l'instruction ministérielle du 22 janvier 1907 sur le service de l'habillement (article 59, paragraphe 2) retirer aux hommes des régiments étrangers, qui sont libérés directement par leurs soins, les effets militaires que ceux-ci ont en leur possession.

IV. — Encadrement.

Article 102. L'encadrement des militaires rapatriés doit être assuré, le cas échant, dans des conditions analogues à celles prévues au chapitre Ier, paragraphe IV, ci-dessus.

V. — Visite médicale au port de débarquement.

Article 103. Les hommes rapatriés sont visités dans les conditions prévues par l'instruction n° 7618 B 4/7 du 3 octobre 1924.

CHAPITRE V.

DISPOSITIONS SPÉCIALES.

I. — Militaires de l'armée du Rhin.

Article 104. La préparation des hommes de l'armée du Rhin, désignés pour un théâtre d'opérations extérieur, est effectuée dans les conditions spécifiées au chapitre Ier ci-dessus.

Toutefois, pour éviter des trajets inutiles, ces militaires re peuvent, le cas échéant, bénéficier d'une permission de départ qu'une fois leur préparation terminée. A l'issue de cette permission, ils rejoignent directement le centre de rassemblement qui leur aura été désigné.

II. — Militaires de la métropole bénéficiant d'une permission en Algérie-Tunisie, ou réciproquement.

Article 105. Au cas où un homme d'un corps stationné dans la métropole, à la suite de sa désignation pour un théâtre d'opérations extérieur, aurait à bénéficier d'une permission en Afrique du Nord, il y aurait lieu de prononcer au préalable la mutation de l'intéressé pour le corps de même arme ou service de l'Afrique du Nord le plus voisin du lieu où l'intéressé passera sa permission. Cette mutation est prononcée par les soins du général commandant la région d'origine.

A la fin de sa permission, l'intéressé rejoint son nouveau corps d'affectation, qui assure sa mise en route sur le théâtre d'opérations extérieur en question, dans les conditions fixées par le présent titre.

Des dispositions analogues sont prises pour les militaires de l'Afrique du Nord qui auraient à bénéficier d'une permission dans la métropole. L'affectation préalable à un corps de la métropole est prononcée, le cas échéant, soit par le général commandant le 19e corps d'armée, soit par le général commandant la division d'occupation de Tunisie.

Les nouveaux corps d'affectation sont avisés par les corps d'origine des mutations faites et de la destination à donner aux intéressés qui font l'objet de ces mutations.

III. — Indigènes nord-africains.

Article 106. Les dispositions du titre IV sont, dans leur ensemble, applicables aux indigènes nord-africains, pour lesquels la métropole, les territoires rhénans, le Maroc et le Levant sont considérés comme des théâtres d'opérations extérieurs, sous les réserves qui suivent :

A. Les militaires désignés pour le *Maroc* ou le *Levant* sont, avant leur départ, affectés à une unité du théâtre d'opérations extérieur de destination par les soins du général commandant le 19e corps d'armée ou du général commandant la division d'occupation de Tunisie.

Le cas échéant, ils bénéficient, avant leur mise en route, d'une permission de départ.

B. Pour les indigènes qui sont envoyés dans la *métropole* ou les *territoires rhénans*, il n'est constitué ni « centre de rassemblement » ni « dépôt de transition ». La mise en route de ces militaires est assurée par les soins des généraux commandant le 19e corps d'armée et la division d'occupation de Tunisie, qui avisent à l'avance le commandant de la base de Marseille, de l'arrivée des détachements.

Les corps d'origine devront, dans chaque détachement, grouper les hommes par corps destinataires et munir le chef de détachement de listes d'appel distinctes pour chacun des groupes ainsi formés.

Les mêmes dispositions seront prises pour les mouvements de rapatriement.

Les militaires désignés pour la métropole ou l'armée du Rhin, ainsi que les militaires rapatriés, seront affectés à leur nouveau corps à la date du lendemain de leur arrivée à destination.

On ne doit pas renvoyer sur un théâtre d'opérations extérieur comme *volontaire*, un indigène qui aurait été rapatrié après s'être vu refuser l'autorisation de prolonger son séjour sur ce territoire. A cet effet, mention du refus en question devra être portée sur les pièces matricules (livret matricule et fiche matriculaire) de l'intéressé.

C. *Tenue des indigènes nord-africains :*

1° Indigènes dirigés sur *le Levant* ou *le Maroc :*

Tenue décrite pour les militaires français au titre II, paragraphe 3 ci-dessus.

2° Indigènes dirigés sur *la métropole* ou sur *l'armée française du Rhin :*

Leur tenue est la suivante :

a) *En tout temps :*

Tenue du tableau A annexé au règlement du 22 janvier 1907 (*Bulletin officiel*, volume 3), modifiée en ce qui concerne la ceinture de flanelle et les bretelles...............	1 capote ou manteau. 1 vareuse. 1 pantalon-culotte ou culotte. 1 chéchia ou coiffure arabe. 1 paire de bandes molletières ou de jambières. 1 paire de brodequins. 1 caleçon. 1 chemise. 1 ceinture de laine (1). 1 paire de chaussettes. 1 cravate. 1 mouchoir. 1 serviette de toilette.
Plus....................	1 gamelle individuelle. 1 petit bidon de 2 litres. 1 cuiller. 1 quart. 1 étui-musette.

b) *Pendant la saison froide* (2).

1 chandail.
2 petites couvertures.

Remarque essentielle. — Conformément aux prescriptions du tableau A visé ci-contre, tous les effets et objets compris dans la présente liste doivent appartenir à la collection n° 3.

D. Les prescriptions du paragraphe C ci-dessus sont applicables pour le retour des indigènes rapatriés des théâtres d'opérations extérieurs.

Toutefois, la tenue des militaires rapatriés du Levant et du Maroc ne comporte pas le pantalon de treillis et le bourgeron de toile, ni la tente individuelle; tous les effets ou objets doivent être du classement « Instruction » pour les effets ou objets comportant ce classement et du classement « En cours de durée » pour les autres effets ou objets.

E. Les indigènes libérables, en service sur les théâtres d'opérations extérieurs, dans la métropole et à l'armée du Rhin, sont affectés au corps de leur province d'origine où ils ont été in-

---

(1) Les troupes d'Afrique sont pourvues de la ceinture de laine, à l'exclusion de la ceinture de flanelle et de la paire de bretelles de pantalon.
(2) Du 1er octobre au 16 mai.

corporés comme jeunes soldats. Au cas où, exceptionnellement, certains d'entre eux auraient été incorporés dans une province autre que la leur, ils seraient affectés au corps de leur subdivision d'arme le plus proche de leur domicile.

Les indigènes rapatriés pour fin de séjour, rapatriés ou évacués pour raison de santé, des théâtres d'opérations extérieurs et auxquels il reste encore un temps de service plus ou moins long à accomplir à leur retour dans l'Afrique du Nord, sont affectés à leur retour de l'extérieur, aux corps de l'Afrique du Nord auxquels ils appartiennent au moment de leur envoi hors de leur pays d'origine.

Ces affectations sont prononcées:

Pour les indigènes provenant des théâtres d'opérations extérieurs, par les dépôts de transition des théâtres d'opérations extérieurs;

Pour ceux provenant de la métropole, par le général commandant la région où est stationné le corps d'affectation;

Pour ceux provenant de l'armée française du Rhin, par le général commandant l'armée française du Rhin.

A leur débarquement en Algérie-Tunisie, ils sont dirigés directement sur le corps d'affectation susvisé.

Ils bénéficient ensuite, le cas échéant, du congé ou de la permission prévus par la réglementation en vigueur. A cet effet, les militaires libérables sont renvoyés dans leurs foyers en temps voulu pour que la date d'expiration de cette permission ou de ce congé coïncide avec la date de libération de l'intéressé, qui n'aura plus à revenir à son corps pour se faire libérer.

Pour les indigènes évacués pour raison de santé qui auraient à rejoindre leur corps à l'extérieur après guérison à la fin de leur congé de convalescence, et qui, au moment du départ, sont jugés inaptes à être renvoyés à l'extérieur, les affectations sont prononcées par les généraux commandant les divisions territoriales de l'Afrique du Nord, après décision de la commission de réforme.

CHAPITRE VI.

ADMINISTRATION DES HOMMES EN SERVICE SUR LES THÉÂTRES D'OPÉRATIONS EXTÉRIEURS

I. — Situation administrative.

Article 107. Les militaires envoyés sur les théâtres d'opérations extérieurs et les militaires rapatriés sont *affectés* et *mis en subsistance* dans les conditions prévues aux titres précédents.

Toutefois, les militaires indigènes nord-africains, en provenance ou à destination de la métropole ou de l'armée du Rhin, sont pris en subsistance, *pour la nourriture seulement*, par le dépôt des isolés métropolitains de Marseille, jouant pour ces militaires le rôle de centre d'hébergement.

Au cours de leur voyage, ils ne sont l'objet d'aucun autre changement de corps. Ils sont pris en subsistance au titre de leur corps d'affectation du moment (corps de la métropole ou corps de théâtre d'opérations extérieur, suivant le cas) par les différents éléments chargés de les administrer : centre de rassemblement, dépôt de transition, etc.

II. — Dispositions spéciales aux hommes désignés pour un théâtre d'opérations extérieur.

A. — Date d'affectation.

Article 108. Les hommes désignés pour un théâtre d'opérations extérieur, qu'ils aient reçu une affectation avant leur départ de la métropole ou de l'Algérie-Tunisie, restent affectés à leur corps d'origine jusqu'à la date fixée par le dépôt de transition, en principe, date du débarquement à Beyrouth ou à Casablanca, ou date de l'arrivée à Oudjda.

B. — Documents à établir ou à envoyer au départ des hommes par le corps d'origine.

Article 109. Au moment de la mise en route des hommes sur les centres de rassemblement, le corps d'origine établit, pour chacun des intéressés, une attestation indiquant que le militaire :

1° Est désigné pour tel théâtre d'opérations extérieur;

2° Est volontaire et qu'il a établi une demande écrite ou est envoyé d'office et qu'il a été désigné conformément aux dispositions de l'instruction sur les tours de départ;

3° A été reconnu apte pour le théâtre d'opérations extérieur;

4° A bénéficié ou non de permissions (indiquer la durée) antérieurement à sa désignation pour un théâtre d'opérations extérieur, ou à la suite de sa désignation — (s'il est militaire de carrière, indiquer s'il a bénéficié de tout ou partie de sa permission de départ);

5° A été aligné en solde, prime et indemnités diverses jusqu'à telle date;

6° A été pourvu avant son départ des effets prévus par la présente instruction (la liste détaillée de ces effets devra être émargée par l'intéressé).

Le jour où les hommes désignés pour un théâtre d'opérations extérieur quittent leur corps d'origine, ce dernier se conforme aux prescriptions ci-dessous en ce qui concerne la destination à donner aux pièces qui doivent suivre les hommes au cours du voyage :

PIÈCES A REMETTRE A L'HOMME même s'il est en détachement.	PIÈCES A REMETTRE AU CHEF DE DÉTACHEMENT ou à l'homme, si celui-ci est isolé.	PIÈCES A REMETTRE AU CHEF DE DÉTACHEMENT mais à ne pas remettre à l'homme si celui-ci est isolé (voir § C ci-dessous).
Plaque d'identité. Livret individuel.	Avis de mise en route signé du chef de corps. Documents visés aux alinéas 1 à 7 ci-dessus.	Livret matricule. Livret médical.

C. — Envoi du livret matricule et du livret médical.

Article 110. Dans le cas où un homme voyagerait isolément, ces documents devront être envoyés le jour même de son départ, directement par le corps d'origine au centre de rassemblement, puis par ce centre au dépôt de transition, sur le bateau même qui transporte le militaire en cause.

D. — Hommes affectés avant leur départ à un corps déterminé sur un théâtre d'opérations extérieur.

Article 111. Lorsque des hommes sont, à leur départ du corps d'origine, déjà affectés spécialement à un corps particulier d'un théâtre d'opérations extérieur, le corps d'origine enverra également au corps destinataire un avis de mise en route, le jour du départ des intéressés.

E. — Pièces à établir par le centre de rassemblement, le dépôt de transition et le corps d'affectation sur le théâtre d'opérations extérieur.

Article 112. Au départ de chaque détachement, le centre de rassemblement établit en double expédition un état nominatif du personnel du détachement comprenant toutes les indications nécessaires à l'identification des intéressés et au règlement de leur situation administrative : nom, prénoms, surnom, grade, classe de recrutement, matricule de recrutement, corps d'origine, et, s'il y a lieu, corps d'affectation, date jusqu'à laquelle l'intéressé a reçu sa solde, durée de la permission de départ pour les militaires de carrière (total des permissions obtenues pour les appelés).

Cet état comporte une colonne destinée à recevoir, lors de l'arrivée du détachement au théâtre d'opérations extérieur, les indications relatives à la destination définitive des intéressés.

Ces états sont confiés au chef de détachement et remis par lui, à son arrivée sur le théâtre d'opérations extérieur, au commandant du dépôt de transition. Celui-ci les complète par l'indication des affectations définitives prononcées comme il est dit au chapitre III, et au paragraphe A ci-dessus. Il conserve un de ces états et renvoie l'autre au centre de rassemblement, après y avoir mentionné la date d'arrivée des hommes au dépôt de transition et la date de la nouvelle affectation.

En même temps, *et sans attendre que l'homme ait effectivement rejoint l'unité à laquelle il vient de l'affecter*, il notifie *directement* cette affectation ainsi que la date de cette affectation au *corps d'origine* à l'aide d'un avis de mutation du modèle n° 3 ci-joint :

Le centre de rassemblement doit, de son côté, dès réception de l'état d'affectation indiqué plus haut, aviser également *le corps d'origine* de la date d'arrivée des militaires intéressés sur le théâtre d'opérations extérieur et de leur affectation définitive.

F. — Fiches matriculaires de mobilisation et de position.

Article 113. Dès réception de l'un ou l'autre de ces avis d'affectation émanant, soit du dépôt de transition, soit du centre de rassemblement, le corps d'origine adressera les fiches matriculaires de mobilisation et de position du militaire en cause :

a) Si le militaire en question a été dirigé sur le Levant, au dépôt des isolés métropolitains de Marseille. Ce dépôt, placé sous l'autorité du général commandant la base de Marseille (circulaire n° 7334 1/11 du 31 juillet 1922), est chargé de la tenue des pièces matricules (registres d'incorporation, fiches de mobilisation et fiches de position), des militaires en service dans les corps (organique ou autonome) des théâtres d'opérations extérieurs à l'exception du Maroc, où les corps tiennent eux-mêmes toutes les pièces matricules des militaires qui leur sont affectés.

Les pièces matricules visées ci-dessus sont complétées et constamment tenues à jour par le dépôt des isolés métropolitains de Marseille, sur le vu des états bi-mensuels de changement de position (du modèle n° 4 ci-annexé) qui lui sont envoyés directement, après avoir été centralisés par régiments, bataillons, groupes, etc., selon les instructions données par les généraux commandant sur les théâtres d'opérations extérieurs (Maroc excepté).

b) Si le militaire en question a été dirigé sur le Maroc, ses fiches (matricules de mobilisation et de position) sont adressées sur le corps d'origine et par l'intermédiaire du bureau de recrutement intéressé, au corps de nouvelle affectation du Maroc.

III. — Dispositions spéciales aux hommes rapatriés.

A. — Date d'affectation.

Article 114. Les hommes rapatriés restent affectés à leur corps d'origine du théâtre d'opérations extérieur jusqu'à la date fixée par le dépôt de transition (en principe, date de leur embarquement à Beyrouth ou à Casablanca, ou date de leur départ d'Oudjda) ou, exceptionnellement et à défaut, par les autorités visées au chapitre IV ci-dessus.

B. — Documents à établir ou à envoyer au départ des hommes par le corps d'origine.

Article 115. Au moment de la mise en route des hommes sur le dépôt de transition, le corps d'origine établit pour chacun des intéressés une attestation indiquant que le militaire :

1° A été aligné en solde, primes et indemnités diverses (jusqu'à telle date);

2° A été pourvu avant son départ des effets prévus par la présente instruction (la liste détaillée de ces effets devra être émargée par l'intéressé);

3° Doit bénéficier d'une permission ou d'un congé (indiquer la durée).

Le jour où les hommes rapatriés quittent leur corps d'origine, ce dernier se conforme aux prescriptions ci-dessous en ce qui concerne la destination à donner aux pièces qui doivent suivre les hommes au cours du voyage.

PIÈCES A REMETTRE A L'HOMME, même s'il est en détachement.	PIÈCES A REMETTRE AU CHEF DE DÉTACHEMENT ou à l'homme, si celui-ci est isolé.	PIÈCES à remettre au chef de détachement, mais à ne pas remettre à l'homme si celui-ci est isolé (voir § C ci-dessous).
Livret individuel. Titre de congé ou permission. Livret de caisse d'épargne. Le cas échéant, certificat de bonne conduite. (On devra mentionner sur le livret matricule si ce certificat a été ou non accordé.)	Avis de mise en route signé du chef de corps. Documents visés aux alinéas 1°, 2° et 3° ci-dessus.	Livret matricule. Livret médical. Plaque d'identité.

C. — Envoi du livret matricule, du livret médical et de la plaque d'identité.

Article 116. Dans le cas où un homme voyagerait isolément, ces documents doivent être envoyés :

Par le corps d'origine *directement* au dépôt de transition *le jour même du départ* du corps.

Par le dépôt de transition *directement* au nouveau corps d'affectation *le jour même de l'embarquement* et par le bateau qui transporte l'intéressé.

Toutes dispositions doivent être prises notamment pour que les livrets matricules des indigènes nord-africains arrivent à leur nouveau corps d'affectation *en même temps* que les indigènes en question; le commandant du centre de rassemblement devra veiller en particulier, à l'exécution de cette prescription au cas où, lors du passage à ce centre, des modifications seraient apportées dans la composition des détachements.

D. — Frais de déplacement.

Article 117. Les militaires rapatriés pour libération sont pourvus au moment de leur mise en route par les soins de leur corps d'origine des théâtres d'opérations extérieurs de toutes allocations de frais de déplacement qui leur reviennent pour le parcours à effectuer du port de débarquement au lieu de leur permission (voir circulaire ministérielle n° 04 6/5 du 28 février 1923).

Ces allocations sont payées en monnaie française aux militaires rapatriés en France. Les frais de déplacement pour se rendre de ce lieu de permission à leur garnison d'affectation leur sont remboursés par les soins du corps chargé de leur libération, à leur arrivée à ce corps.

E. — Pièces à fournir par le dépôt de transition et le centre de rassemblement.

Article 118. Le dépôt de transition indique sur le titre de congé ou de permission le nouveau corps d'affectation du militaire rapatrié, ainsi qu'éventuellement le corps dans lequel il devra être mis en subsistance à l'expiration de son congé ou de sa permission.

Il les notifie sans retard :

Au corps dans lequel le militaire servait sur le théâtre d'opérations extérieur;

Au dépôt des isolés métropolitains de Marseille (si le militaire en question provient d'un autre théâtre d'opérations que le Maroc);

Au nouveau corps d'affectation et, éventuellement, au corps qui doit prendre le militaire en subsistance.

Au commandant du bureau de recrutement dont relève le militaire en question.

L'avis de mutation à utiliser à cet effet sera du modèle n° 5 ci-joint, il doit être expédié par le même bateau que le militaire rapatrié.

A l'arrivée au port d'embarquement, le centre de rassemblement, ou le dépôt des isolés métropolitains, ou le corps de troupe désignés pour faire office de centre de rassemblement, fait viser le titre de congé ou de permission (sauf pour les indigènes nord-africains libérables qui ne sont envoyés en congé ou en permission qu'après leur arrivée à leur corps d'affectation).

Il notifie au nouveau corps d'affectation, éventuellement au corps qui doit prendre le militaire en subsistance, la date de l'affectation, la date de débarquement, la date de l'envoi en congé ou en permission, les indications concernant la mise en subsistance de l'intéressé entre les deux dates ci-dessus.

F. — Fiches matriculaires de mobilisation et de position des hommes rapatriés définitivement.

Article 119. Dans les dix jours qui suivent la notification de la nouvelle affectation d'un militaire rapatrié définitivement, le corps dans lequel le militaire servait au Maroc, ou le dépôt des isolés métropolitains de Marseille, si le militaire rentre d'un autre théâtre d'opérations extérieur, doit :

1° *Si le militaire est rapatrié pour libération*, envoyer au commandant du bureau de recrutement la fiche matriculaire de mobilisation et la fiche matriculaire de position du militaire en cause.

Le commandant du bureau de recrutement adresse aussitôt la fiche de position au nouveau corps d'affectation et conserve provisoirement la fiche de mobilisation.

Il prononce l'affectation de ce militaire dans les réserves, dans les conditions générales fixées par la circulaire 7546 1/11 du 8 juin 1923 et adresse aussitôt la fiche de mobilisation au corps d'affectation dans les réserves du militaire en cause.

2° *Si le militaire est rapatrié pour tout autre motif que pour libération*, envoyer au nouveau corps d'affectation les fiches matriculaires de mobilisation et de position.

IV.

Article 120. Les états visés aux paragraphes II et III du présent chapitre sont indépendants de ceux dont l'établissement est prévu par l'instruction du 1er mai 1897 sur l'exécution des transports de la guerre par navires du commerce (*Bulletin officiel*, volume 101).

Pour le Ministre de la guerre et par ordre :

Le Général chef d'état-major général de l'armée,

Signé : E. Debeney.

Instruction n° 3567 1/11
du 1er mai 1926.

Modèle n° 1.

Situation particulière des effectifs
pour servir à l'établissement des envois de renfort (1).

Le 1er 192 .

Armée du

Corps ou Service :

	OFFI-CIERS	SOUS-OFFICIERS.	CAPO-RAUX.	SOLDATS.	OBSERVATIONS.
A. Effectifs théoriques...........					Détail des besoins par spécialité.
B. Effectifs réalisés :					
a) Présents au corps..........					
b) Détachés du corps.........					
c) Absents, malades, permissionnaires..........					
Total...........					
C. Renforts signalés à provenir des dépôts de transition et non arrivés					
D. Déficit décompté (A.B.C.)....					
E. Pertes à prévoir pendant les deux mois à venir.............					
Total des besoins prévus (D. E.) à la date du 1er 192 ...					

(1) Les effectifs français et les effectifs indigènes seront indiqués séparément.

Instruction n° 2567 1/11
du 1er mai 1923.

Modèle n° 2.

Compte rendu mensuel du Centre de rassemblement de

Mouvement du au

	INFANTERIE.			CAVALERIE.			ETC. Suivre l'ordre des armes.
	Officiers.	Sous-officiers.	Caporaux et soldats.	Officiers.	Sous-officiers.	Caporaux et soldats.	
Situation des existants au commencement du mois.							
Reçu pendant le mois.....							
Mis en route pendant le mois..................							
Reste au dernier jour.....							

Rapport sommaire sur le fonctionnement du Centre.

(Indication des corps qui ne se sont pas conformés aux dispositions de la présente instruction, discipline, etc...).

A M. le Ministre de la guerre, État-Major de l'Armée { 1er Bureau. / 4e Bureau.

ARMÉE DU LEVANT,
MAROC.

Dépôt de transition
de

MODÈLE N° 3.

Instruction n° 3567 1/11
du 1er mai 1926.

AVIS DE MUTATION

NOMS ET PRÉNOMS.	GRADE.	CLASSE	DATE d'incorporation.	RECRUTEMENT ET NUMÉRO matricule au recrutement.	CORPS D'ORIGINE.	CORPS DE NOUVELLE affectation au T. O. E.	DATE de la MUTATION	DATE de débarquement SUR LE T. O. E.	DATE DE LA NOUVELLE affectation.	OBSERVATIONS.

ARMÉE FRANÇAISE
DU LEVANT, MAROC.

e Régiment.

e Bataillon.

e Compagnie.

MODÈLE N° 4.

Instruction n° 3567 1/1
du 1er mai 1926.

Etat de quinzaine des mouvements de l'effectif du au

NOMS ET PRÉNOMS.	GRADES.	S. A. ou S. X.	RECRUTEMENT.	NUMÉRO au RECRUTEMENT.	NUMÉRO d'incorporation AU CORPS.	CLASSE.	POSITION ANCIENNE.	POSITION NOUVELLE.

ARMÉE DU LEVANT, MAROC

Dépôt de transition
de

AVIS DE MUTATION.

Instruction n° 3567 1/11
du 1er mai 1926.

NOMS ET PRÉNOMS.	GRADE.	CLASSE.	DATE D'INCORPORATION.	RECRUTEMENT N° matricule au recrutement.	ANCIEN CORPS AU T. O. F.	NOUVEAUX CORPS	DATE à laquelle la nouvelle affectation est prononcée.	DURÉE ET NATURE du congé ou permission accordée.	LIEU OU LE MILITAIRE doit bénéficier de la permission.	DATE PRÉSUMÉE d'embarquement.	CORPS DEVANT PRENDRE l'intéressé en subsistance éventuellement.	SITUATION DU MILITAIRE au point de vue rappel de solde primes et indemnités diverses.	MOTIF du RAPATRIEMENT, LIBÉRATION, après séjour réglementaire pour raison de santé	OBSERVATIONS.

CHARLES-LAVAUZELLE ET Cie. — PARIS, LIMOGES, NANCY. — 1926.

www.ingramcontent.com/pod-product-compliance
Ingram Content Group UK Ltd.
Pitfield, Milton Keynes, MK11 3LW, UK
UKHW020949180726
13838UKWH00003B/1213

9 782329 085685